プリント形式のリアル過去問で本番の臨場感！

青森県 県立 三本木高等学校附属 中学校

2025年 春 受験用

年☆春 受験用

解答集

本書は，実物をなるべくそのままに，プリント形式で年度ごとに収録しています。
問題用紙を教科別に分けて使うことができるので，本番さながらの演習ができます。

■ 収録内容

・解答集(この冊子です)

　　　書籍ID番号，この問題集の使い方，最新年度実物データ，リアル過去問の活用，
　　　解答例と解説，ご使用にあたってのお願い・ご注意，お問い合わせ

・2024(令和6)年度 ～ 2020(令和2)年度　学力検査問題

・リスニング問題音声《オンラインで聴く》　詳しくは次のページをご覧ください。

○は収録あり 年度	'24	'23	'22	'21	'20
■ 問題(適性検査)	○	○	○	○	○
■ 解答用紙(書き込み式)	○	○	○	○	○
■ 配点					

全分野に解説
があります

2024年度より適性検査Ⅰで外国語科(英語)のリスニングを実施(音声・原稿ともに収録しています)

☆問題文等の非掲載はありません

JN131934

教英出版

■ 書籍ID番号

リスニング問題の音声は，教英出版ウェブサイトの「ご購入者様のページ」画面で，書籍ID番号を入力してご利用ください。

入試に役立つダウンロード付録や学校情報なども随時更新して掲載しています。

書籍ID番号 **101202**

（有効期限：2025年9月30日まで）

【入試に役立つダウンロード付録】
「要点のまとめ(国語／算数)」
「課題作文演習」ほか

【リスニング問題音声】
オンラインで問題の音声を聴くことができます。
有効期限までは無料で何度でも聴くことができます。

■ この問題集の使い方

年度ごとにプリント形式で収録しています。針を外して教科ごとに分けて使用します。①片側，②中央のどちらかでとじてありますので，下図を参考に，問題用紙と解答用紙に分けて準備をしましょう（解答用紙がない場合もあります）。

針を外すときは，けがをしないように十分注意してください。また，針を外すと紛失しやすくなりますので気をつけましょう。

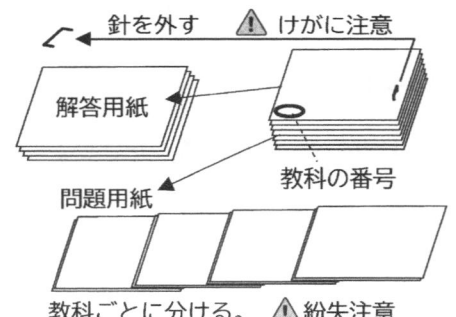

① 片側でとじてあるもの
針を外す ⚠ けがに注意
解答用紙
問題用紙
教科の番号
教科ごとに分ける。 ⚠ 紛失注意

② 中央でとじてあるもの
針を外す ⚠ けがに注意
解答用紙
問題用紙
教科の番号
教科ごとに分ける。 ⚠ 紛失注意

※教科数が上図と異なる場合があります。
　解答用紙がない場合や，問題と一体になっている場合があります。
　教科の番号は，教科ごとに分けるときの参考にしてください。

■ 最新年度 実物データ

実物をなるべくそのままに編集していますが，収録の都合上，実際の試験問題とは異なる場合があります。実物のサイズ，様式は右表で確認してください。

問題用紙	B4片面プリント(書込み式)
解答用紙	

リアル過去問の活用

~リアル過去問なら入試本番で力を発揮することができる~

✿ 本番を体験しよう！

問題用紙の形式（縦向き／横向き），問題の配置や余白など，実物に近い紙面構成なので本番の臨場感が味わえます。まずはパラパラとめくって眺めてみてください。「これが志望校の入試問題なんだ！」と思えば入試に向けて気持ちが高まることでしょう。

✿ 入試を知ろう！

同じ教科の過去数年分の問題紙面を並べて，見比べてみましょう。

① 問題の量

毎年同じ大問数か，年によって違うのか，また全体の問題量はどのくらいか知っておきましょう。どのくらいのスピードで解けば時間内に終わるのか，大問ひとつにかけられる時間を計算してみましょう。

② 出題分野

よく出題されている分野とそうでない分野を見つけましょう。同じような問題が過去にも出題されていることに気がつくはずです。

③ 出題順序

得意な分野が毎年同じ大問番号で出題されていると分かれば，本番で取りこぼさないように先回りして解答することができるでしょう。

④ 解答方法

記述式か選択式か（マークシートか），見ておきましょう。記述式なら，単位まで書く必要があるかどうか，文字数はどのくらいかなど，細かいところまでチェックしておきましょう。計算過程を書く必要があるかどうかも重要です。

⑤ 問題の難易度

必ず正解したい基本問題，条件や指示の読み間違いといったケアレスミスに気をつけたい問題，後回しにしたほうがいい問題などをチェックしておきましょう。

✿ 問題を解こう！

志望校の入試傾向をつかんだら，問題を何度も解いていきましょう。ほかにも問題文の独特な言いまわしや，その学校独自の答え方を発見できることもあるでしょう。オリンピックや環境問題など，話題になった出来事を毎年出題する学校だと分かれば，日頃のニュースの見かたも変わってきます。

こうして志望校の入試傾向を知り対策を立てることこそが，過去問を解く最大の理由なのです。

✿ 実力を知ろう！

過去問を解くにあたって，得点はそれほど重要ではありません。大切なのは，志望校の過去問演習を通して，苦手な教科，苦手な分野を知ることです。苦手な教科，分野が分かったら，教科書や参考書に戻って重点的に学習する時間をつくりましょう。今の自分の実力を知れば，入試本番までの勉強の道すじが見えてきます。

✿ 試験に慣れよう！

入試では時間配分も重要です。本番で時間が足りなくなってあわてないように，リアル過去問で実戦演習をして，時間配分や出題パターンに慣れておきましょう。教科ごとに気持ちを切り替える練習もしておきましょう。

✿ 心を整えよう！

入試は誰でも緊張するものです。入試前日になったら，演習をやり尽くしたリアル過去問の表紙を眺めてみましょう。問題の内容を見る必要はもうありません。どんな形式だったかな？受験番号や氏名はどこに書くのかな？…ほんの少し見ておくだけでも，志望校の入試に向けて心の準備が整うことでしょう。

そして入試本番では，見慣れた問題紙面が緊張した心を落ち着かせてくれるはずです。

※まれに入試形式を変更する学校もありますが，条件はほかの受験生も同じです。心を整えてあせらずに問題に取りかかりましょう。

《解答例》

1 (1)行った場所…イ　理由…野球が好きだから。　　(2)ハンバーガー／サンドイッチ　　(3)動物園に行った。／コアラを見た。／エアーズロックを見た。／ステーキを食べた。／ラグビーの試合を観た。などから3つ

2 (1)A．減って　B．90　C．110　D．0.2　　(2)お母さん…リユース　たろう…リデュース　お父さん…リサイクル　　(3)日本は，中国やインドに比べて，使い捨てプラスチックの年間総はいき量は少ないが，1人あたりの使い捨てプラスチックの年間はいき量は多い。　　(4)手前に並んでいる賞味期限の近い商品もおいしく食べたり飲んだりできるので，すぐ食べるのであれば手前から順番に買うことで，賞味期限切れで捨てられる商品を減らすことになること。

3 (1)ならべかえ…③→②→④→①　①A　②H　③E　④G　　(2)⑤たて穴　理由…米や米づくりに使う道具などをめぐる争いからむらを守るため。　　(3)イベントが開かれる正確な期間が分かる。／レストランオープンなどの新着ニュースを知ることができる。　　(4)(アの例文)地域のどんなところに興味をもって検さくしているかなどの情報を分せきすることで，観光協会として新たな地域のよさに気づき，新しいイベントを作り提供することに活用している。　　(イの例文)店や観光地の人たちは，インターネットサイトのどんな情報に興味をもって検さくしているか調べ分せきし，関心の高い食材を利用した新しいおみやげを開発したり人気スポットをアピールする宣伝を考えたりすることに活用している。　　(ウの例文)交通機関の人たちは，旅行者が，いつ，どこを訪れたか，どんな交通手段を使ったかなどの情報を分せきすることで，バスを利用しやすいように発着時刻を変更したり運行本数を変えたりすることに活用している。　　(エの例文)宿泊場所の人たちは，旅行者のグループや人数，どんな観光地などに興味をもって検さくしているかといった情報を分析することで，新しい宿泊プランや食事プランを作ったり販売するおみやげを選んだりすることに活用している。

4 (1)準／計　　(2)ア．だから，　イ．しかし，　　(3)だろう　　(4)下図　　(5)みなさんに楽しんでもらいたいと考え，委員会の時間にたくさん練習をしています。楽しんでもらえると思いますので，期待して聞いてください。
(6)ウ．全員が楽しかったと答え，多くの人が来年度も続けたほうがよいと答えている　エ．早口で放送の声が聞き取りにくいことがあったこと　オ．学年別の問題を用意する　　(7)(1字あける)私が改善の必要があると思うことは，「一週間で二日とも同じ曲が放送された」ということだ。二日とも同じ曲が放送されると，あきる人も出て楽しい時間でなくなると思う。(改行)そこで，私は，事前に放送委員会がリクエスト曲を集め，その中から放送する曲を決めて，計画的に放送することを提案したい。(改行)この提案が実現することで，かたよって放送されることを防ぐことができると思う。そして，いろいろな曲を聞くことで，みんなはあきることなく楽しい時間を過ごすことができると思う。

> 私たちは放送室で給食を食べるみなさんの顔を思いうかべながら放送しています。

《解説》

1 放送文の訳　メアリー「タカシの夏休みについて教えて」→タカシ「アメリカに行ってきたよ！」→メアリー「あ

あ，いいわね！あなたはアメリカに行ったのね」→タカシ「うん。(1)野球場に行ったよ。僕は野球が好きなんだ。

野球の試合を観るのが楽しかった。わくわくしたよ。(2)スタジアムでハンバーガーとサンドイッチを食べた。おい

しかったよ」→メアリー「わあ！夏休みを楽しんだね！」→タカシ「夏休みはどうだったの，メアリー？」→メア

リー「オーストラリアに行ってきたよ。(3)動物園に行って，コアラを見たよ。(3)エアーズロックを見てきたよ。大

きかったわ。(3)ステーキを食べたよ。おいしかったわ。(3)ラグビーの試合を観たよ。すごかったわ」

2 (1)A　青森県の1人1日あたりのごみのはい出量は，平成27年度が約1030g，令和3年度が約1000gである。ま

た，全国の1人1日あたりのごみのはい出量は，平成27年度が約940g，令和3年度が約890gである。いずれも

平成27年度から令和3年度にかけて，1人1日あたりのごみのはい出量は減っている。

　B　令和2年度の1人1日あたりのごみのはい出量は，青森県が約990g，全国が約900gだから，その差は，

990−900＝90(g)である。たて軸の目盛りが大まかなことから，多少の誤差は許容範囲になる。

　C　Aの解説より，その差は，1000−890＝110(g)

　D　資料2より，令和2年度から令和3年度にかけて，45.8−45.6＝0.2(万t)減っている。

(2)　お母さん…使わなくなったものをフリーマーケットに出して，買った人が再び使えばリユースになる。

たろう…ボールペンのしんを替えることで，ペン本体のごみの量を減らすことができるからリデュースになる。

お父さん…原料にもどし再び使えるようにすると，再資源化になるのでリサイクルになる。

(3)　中国やインドは，使い捨てプラスチックの年間総はいき量は日本より多いが，人口が日本の10倍以上である

ために，1人あたりの使い捨てプラスチックの年間はいき量は日本よりはるかに少なくなっている。アメリカは，

使い捨てプラスチックの年間総はいき量と1人あたりの使い捨てプラスチックの年間はいき量の両方が日本より多

いために特徴を比較しにくいことに注意する。

(4)　「てまえどり」とよばれる取り組みである。客の心理として，少しでも新鮮で賞味期限の長いものを選ぶ傾向

があるが，すべての客がこのような行動をとると，賞味期限の近い商品が売れなくなり，食品ロスにつながる。

3 (1)　③吉野ヶ里遺跡(弥生時代・佐賀県E)→②仁徳天皇陵古墳(古墳時代・大阪府H)→④東大寺の大仏(奈良時

代・奈良県G)→①金閣(室町時代・京都府A)　吉野ヶ里遺跡は佐賀県にある弥生時代の環濠集落で，稲作が広

まるとともにムラとムラの争いがおき，ムラを守るために濠や柵で囲ったことがわかっている。仁徳天皇陵古墳

(大仙古墳)は，最大級の前方後円墳で，百舌鳥・古市古墳群として世界文化遺産に登録されている。奈良時代，聖

武天皇は仏教の力で世の中を救おうとして，全国に国分寺を建て，総国分寺として奈良の都に東大寺を建て，大仏

を造立した。室町時代，足利義満は京都の北山に，第一層が寝殿造，第二層が寝殿造あるいは書院造，第三層が禅

宗様からなる金閣を建てた。

(2)　たて穴住居は，右図のような形状であり，室内の中央に掘っ立て柱があり，

地面を少し掘って床をつくり，草や木の枝などで屋根を葺いた住居である。

弥生時代になって稲作が広まると，水や土地をめぐる争いがおきるようになり，

ムラは濠や柵をめぐらせ，物見やぐらを建てて敵の侵入に備えた。

(3)　インターネットサイトの観光情報は，常に更新が可能なため，リアルタイムに近い情報を得られる可能性があ

る。気候の変化によって，積雪などの量は毎年違ってくるため，自然環境を観光の中心とするイベントのパンフ

レットでは正確な期間を表すことはできない場合がある。

(4)　観光協会，店や観光地，交通機関，宿泊場所によって，注目するポイントが変わることに着目する。自分が最

も書きやすいものを選び，「分析する情報の種類」「活用方法」を的確に書こう。その人たちの立場になって考えてみるとよい。

4 (1) それぞれ，「準備して」「計りながら」が正しい。

(2)ア　後に書かれていることの理由が前に書かれているので，「だから，」が入る。　　イ　前にはよかったこと，後には大変だったことが書かれている。前とは相反することが後に書かれているので，「しかし，」が入る。

(4)　意味の切れ目に読点を打つとわかりやすくなる。「私たちは放送室で」と「給食を食べるみなさんの」の間で意味が切れているので，ここに読点を打つ。

(5)　練習をしているのは「私たち(＝放送委員)」なので，尊敬語を使うのはまちがい。よって，「練習をしていらっしゃいます」を「練習をしています」に直す。また，文末の「聞いてね」はていねい語に直す。

(6)ウ　ともこさんが「来年度も続けてよい」と判断した理由にあたる内容をまとめる。　　エ　たけしさんは，エに入る課題について，「はっきりと伝わる声でゆっくり話すようにしよう」と提案している。ゆっくり話すことが解決策となる課題を選んで書く。　　オ　問題の難しさについては，「難しかった」という声と，「簡単な問題が多かった」という声の両方がある。この課題を解決する出題方法を考える。

三本木高等学校附属中学校　2024 令和6年度　適性検査Ⅱ

《解答例》

1 (1)求め方…80÷64＝1.25　98÷70＝1.4　1.4－1.25＝0.15　ともこ／0.15

(2)中央値の 86kg よりも多いので，とれた量が多いほうといえる。

(3)求め方…3＋7＋5＝15　$\frac{1}{4}+\frac{1}{2}=\frac{3}{4}$　$1-\frac{3}{4}=\frac{1}{4}$　$15÷\frac{1}{4}=60$

家を出てからおじさんの家に着くまでにかかる最短の時間は…60

2 (1)正六角形の対称の軸は…6／右図

(2)求め方…5×5×3.14＝78.5　10×10÷2＝50　78.5－50＝28.5

10×10＝100　100－78.5＝21.5　28.5－21.5＝7

色がついた部分の面積の差は…7

3 (1)①トノサマバッタ　②アキアカネ　③たまごからかえったよう虫のえさとなる生き物がいるから

(2)④成虫　⑤よう虫　⑥さなぎ　(3)かれる植物…B，C，E　かれない植物…A，D　(4)⑦種子　⑧芽

(5)寒い風にできるだけ当たらないようにするため。／日光をできるだけ多く受けるようにするため。

4 (1)A．水平　B．少なめに　C．スポイトでつぎたす　D．へこんだ　(2)E．水にとける量が多い　F．水にとける量には限りがある　(3)アルコールランプでビーカーを温めると，水の温度が速く上がり，水の温度を一定に保つことがむずかしいから。　(4)グラフ1…水の温度を上げると，砂糖はとける量が増えるが，食塩は変わらない。　グラフ2…水の体積を増やすと，砂糖も食塩もとける量が増える。　(5)[方法／結果]　[それぞれの水の重さを量る。／重い方が食塩をとかした水，軽い方が砂糖をとかした水である。]　[それぞれの水に食塩をとかす。／とけ切った方が砂糖をとかした水，とけ残りが出た方が食塩をとかした水である。]

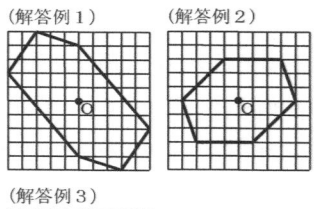

（解答例1）　（解答例2）　（解答例3）

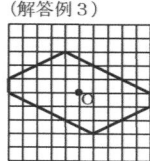

《解　説》

1 (1) とれたじゃがいもの量を畑の面積で割ることで，1㎡あたりにとれたじゃがいもの量を求められる。

たろうさんの家の畑では1㎡あたり，80÷64＝1.25(kg)，ともこさんの家の畑では1㎡あたり，98÷70＝1.4(kg)のじゃがいもがとれたから，ともこさんの家の畑が1.4－1.25＝0.15(kg)多い。

(2) 中央値は，25÷2＝12.5より，大きさ順に13番目の値だから86kgである。たけしさんの家の畑でとれたじゃがいもは87kgなので，中央値より大きく，とれた量が多いほうだといえる。

(3) バスに乗っている時間は全体の$\frac{1}{4}$，電車に乗っている時間は全体の$\frac{1}{2}$だから，バスと電車に乗っている時間は全体の$\frac{1}{4}+\frac{1}{2}=\frac{3}{4}$である。よって，歩いている時間は全体の$1-\frac{3}{4}=\frac{1}{4}$であり，これが3＋7＋5＝15(分間)にあたる。したがって，家を出てからおじさんの家に着くまでにかかる時間は最短で，$15÷\frac{1}{4}=60$(分間)である。

2 (1) 正六角形の対称の軸は図iのように，3本の対角線と，向かい合う辺の真ん中の点をそれぞれ結んだ3本があるので，全部で3＋3＝6(本)ある。

点対称であり，線対称ではない図形は図iiのように，Oについて対称な2点(AとD，BとE，CとF)がそれぞれOと等しい距離にあり，対称の軸を持たないように作図する。

解答例以外にも，条件に合う図形であればよい。

図 i　図 ii

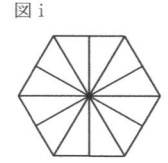
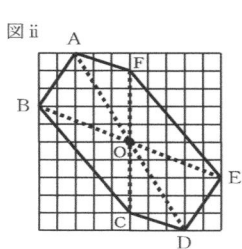

(2) 図1の色がついた部分の面積は，半径が 10 ÷ 2 = 5 (cm)の
円の面積と，対角線の長さが 10 cmの正方形の面積の差である。

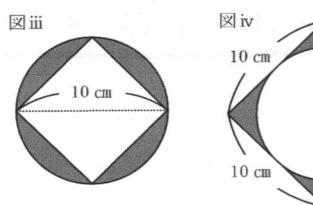

図iii　図iv
10 cm

(図iii参照)

よって，5 × 5 × 3.14 − 10 × 10 ÷ 2 = 78.5 − 50 = 28.5(cm²)

図2の色がついた部分の面積は，1辺の長さが 10 cmの正方形
の面積と，半径が 5 cmの円の面積の差である。(図iv参照)

よって，10 × 10 − 78.5 = 100 − 78.5 = 21.5(cm²)

したがって，色がついた部分の面積の差は，28.5 − 21.5 = 7 (cm²)

3　(1)　③アキアカネ(トンボ)のよう虫のヤゴは水中で生活する。よう虫と成虫で生活する場所やえさが異なるこん虫
は，よう虫と成虫で姿が大きく変わるものが多い。

(3)(4)　冬にかれる植物のアサガオ，ヒマワリ，ホウセンカは，ヘチマと同じように種子で冬ごしをする。

(5)　地面にはりつくのは，風に当たりにくくするため，葉を広げているのは，日光ができるだけ多くあたるように
するためと考えられる。

4　(3)　たけしさんが考えた方法では，水の温度がゆっくり上がり，目的とする温度にしやすい。また，水の温度が目
的とする温度になった後は，同じ温度のお湯を入れた容器にビーカーを入れておくと，温度を一定に保つことがで
きる。

(4)　グラフ1から，砂糖は水の温度が上がるととける量が増えるが，食塩は水の温度が上がっても9はいで変わら
ないことがわかる。また，グラフ2から，水の体積が 50mL の2倍，3倍になると，砂糖や食塩がとける量も水の
体積が 50mL のときの2倍，3倍になっていることがわかる。

(5)　砂糖(または食塩)をとかした水の重さは，とかした砂糖(または食塩)の重さと水の重さの和に等しく，同じ体
積の砂糖と食塩では，食塩の方が重い。したがって，同じ体積の砂糖や食塩を同じ体積の水にとかすと，食塩をと
かした水の方が重くなる。そのため，それぞれの水の重さをはかって，重い方が食塩をとかした水と判断できる。
また，グラフ2より，20℃の水 150mL に 27 はいの食塩をとかした水にはそれ以上食塩がとけないから，それぞれ
の水に食塩を加えたとき，とけ残った水が食塩をとかした水だと判断できる。なお，グラフ2より，27 はいの砂糖
は水 50mL や水 100mL にもすべてとけるが，27 はいの食塩は水 50mL や水 100mL にはすべてとけないから，それぞれ
の水を加熱して水の体積を 50mL〜100mL 減らして，その後 20℃にしたときにつぶが出てくる方が食塩をとかした水
だと判断することもできる。

《解答例》

1　(1)A．天皇　B．寝殿造　C．紫式部　D．十二単　　(2)E．大陸　F．遣唐使　G．かな

(3)書物(表左側)…イ，ウ，オ　書物(表右側)…ア，エ　　(4)平安時代には様々な種類の年中行事があり，その年中行事の準備や天皇に対する作法などの大切なことを忘れないように記録し，正しく行うようにするため。

2　(1)ア．リマン海流　イ．千島海流　ウ．対馬海流　エ．日本海流　　(2)オ．大陸だな　カ．海そう　　(3)海面漁業生産量はだんだん減少している。／遠洋，沖合，沿岸漁業の生産量はだんだん減少している。　　(4)消費者…認定シールやマークがついているので，重さや脂肪分がよいおいしいさばと普通のさばを選んで買うことができること。生産者…認定シールやマークをつけて重さや脂肪分の条件を満たしたさばであることがわかるようにして売るので，販売先や食べに来る人が増え，売り上げが増えること。

3　(1)ア．おこな　イ．むちゅう　　(2)ウ．勝ち負け　エ．強く打って　　(3)相手とのかけひきが楽しくて，とてもおもしろいです。　　(4)(例文1) 5，6年生と仲よく活動できるか／各学年の人がバランスよい人数になるようなチームづくりをします。そうすることで，いろいろな学年の人と早く打ちとけることができるからです。また，クラブ中は笑顔でみんなと接することを心がけ，応援したり，アドバイスしたりと積極的に声かけをしていきます。

(例文2)初めて体験するスポーツが上手にできるか／難しいルールを誰でも取り組めるものに変こうしたり，初めての人が得点を決めたらボーナス点が入るようにしたりするなどの工夫をします。また，練習時間を設定し，練習をしてから本番を行うということもします。

4　(1)直した方がよい言葉…改ため　正しい送りがなの言葉…改め　　(2)良いことは，急いで行った方が良い。

(3)ア．毎日朝食をしっかりとること　イ．早ね早起きを続けること　　(4)(例文)夕食後すぐに歯みがきをすること／

　わたしは，ねる前に歯みがきをしないでねてしまうことがあります。ところが，先日急に歯が痛み出し，歯科医院に行くと，むし歯だと言われました。とても痛く，もう二度とむし歯にはなりたくないと強く思ったので，この宣言にしました。

　具体的には，歯みがきを習慣化し，歯みがきをしないでねてしまうことを防ぐために，毎日夕食後 30 分以内に歯みがきをします。

　保健の学習では，歯みがきをすることが病気の予防になると学びました。夕食後すぐに歯みがきをすることを続けることで，口の中を清潔にし，歯の健康を保ち続けることができると思います。

　これからは，夕食後すぐに歯みがきをするようにがんばります。

《解　説》

1　(1)　A．藤原氏は摂関政治(娘を天皇のきさきとし，生まれた子を次の天皇に立て，自らは天皇の摂政や関白となって実権をにぎる政治)によって勢力をのばした一族である。藤原道長・頼通親子の頃に最も栄えた。　B．平安時代の中頃，貴族はそれまでの唐風の文化をもとに，日本の風土や生活にあわせた国風文化を発達させた。寝殿造は中央に寝殿があり，周りの建物と廊下でつながっていた。部屋は板の間で，間仕切りはほとんどなく，屏風などで仕切られていた。　C．紫式部は中宮彰子(藤原道長の娘)に仕え，平安王朝の宮廷や貴族の日常生活などを描いた長編小説である「源氏物語」を書いた。D．男性は束帯や衣冠，女性は十二単を正装として着用した。

(2) E・F. 奈良時代より, 日本は中国に遣唐使を送り, 唐の進んだ制度や文化を学んでいた。9世紀末, 唐のおとろえと, 航海の危険性を理由に遣唐使に任命された菅原道真の提案によって遣唐使が廃止された。 G. 国風文化において, 万葉仮名の漢字を変形させて, 日本語の発音を表すかな文字が生まれた。かな文字のうち, ひらがなは漢字を崩してつくられ, カタカナは漢字の一部を用いてつくられた。かな文字の発明によって, 日本人の感情をきめ細やかに表すことができるようになり, 宮廷の女性を中心にさまざまな文学作品が生まれた。

(3) 『古事記』『日本書紀』は奈良時代の律令制のもと, 国が歴史書としてまとめさせたもの。神話や国家の成り立ちが記された。『風土記』は地方の国ごとに地理や産物, 伝承などが記された。『源氏物語』『枕草子』は平安時代の国風文化で生まれた作品。

(4) 資料や会話文中から, 平安時代には1年を通してたくさんの年中行事があったことや, 細かな作法があったことを読み取ると, 解答のようになる。

2 (1) 日本周辺の海には北の冷たい海から流れてくる寒流と, 南の温かい海からながれてくる暖流がある。寒流・暖流にのって違う種類のさまざまな魚が日本周辺にやってくるので, 寒流と暖流がぶつかるところ（潮目）は好漁場となる。海流のそれぞれの名前は覚えておこう。

(2) カ. 大陸だなは水深が浅いため太陽の光が良く届き, プランクトンや海そうが良く育つ。

(3) 各国による排他的経済水域の設定以降, 石油危機による燃料費の高騰の影響も受けて遠洋漁業が減少し, 平成7 (1995) 年頃, マイワシの漁獲量の減少によって沖合漁業も減少した。加えて漁業全体の高齢化や後継者不足が著しく, 全体としての海面漁業生産量は緩やかに減少していっている。

(4) 近年, 特産の農水産物や伝統食品を地域ブランドとして認定し, 販売に力を入れている自治体が多くみられる。ブランド化によって農水産物や伝統食品の質が保証されることで, 消費者の食の安心・安全や, 売り上げの増加, 観光産業としての地域活性化などのメリットがある。青森県では, 水揚げ状況, 脂肪分, 重量等を参考にして一定期間内に三陸沖以北の日本近海で漁獲し, 八戸港で水揚げされたさばを「八戸前沖さば」として認定している。

3 (3) 文末の「おもしろいよ」はていねいな表現になっていない。他の部分は「です・ます」調なので, 「おもしろいです」に直せばよい。

(4) 不安②と③を解消する工夫を, ふせんの内容から推測する。

4 (3)ア Aの中から「取り組むこと」が書かれている部分を探す。2段落目に「毎朝朝食をとることができるように」, 4段落目に「毎日朝食をとるようにがんばります」と書かれている。 イ Bの中から「取り組むこと」が書かれている部分を探す。2段落目に早ね早起きをすること, 4段落目に「早ね早起きを続けるようにがんばります」と書かれている。

(4) 実際に書き始める前に, 各段落に書く内容を短めのことばで書き出しておきましょう。また, 書き始めるときは, もう一度〈条件〉を確認しておきましょう。

《解答例》

1 (1)求め方…15×60＝900　900×60＝54000　1時間に進むきょりは…54

(2)求め方…160＋50＝210　36000÷60＝600　600÷60＝10　210÷10＝21

完全にわたり終わるまでにかかる時間は…21

(3)アジの数の求め方…2：7＝18：□　2×9＝18　7×9＝63　□＝63　アジの数…63

イワシの数の求め方…3：8＝63：△　3×21＝63　8×21＝168　△＝168

イワシの数…168

(4)求め方…13×13＝169　12×12＝144　169＋144＝313　観客席には最大…313

2 (1)求め方…26－1＝25　287＋25＝312　312÷26＝12　色紙1枚の長さは…12

(2)右図

3 (1)①アルミニウム／鉄　②鉄　③アルミニウム　(2)④ふえ　⑤へる　⑥小さい　(3)アルミかんの中の空気がお湯によって温められて体積がふえるので，水が空気におされてストローからあふれ出てくる。　(4)アルミかんの中の水の量を少なくする。／アルミかんにかけるお湯の温度を高くする。／水を入れたアルミかんを冷蔵庫で冷やしておく。

4 (1)A．対物レンズ　B．接眼レンズ　C．日光が反しゃ鏡ではね返って目に入るから，目をいためる　D．イ

(2)とがっている部分がある。／丸い形をしている。　(3)めばなの花がさいたときに，花粉が虫や風によって運ばれてめしべの先につかないようにするため。　(4)ア．1つの花におしべとめしべがある　イ．つぼみのときに，おしべを全て取りのぞき，ふくろをかける

《解　説》

1 (1) 電車は秒速15mなので，1分では，15×60＝900(m)，1時間では，900×60＝54000(m)進む。

よって，1時間に進むきょりは，54000÷1000＝54(km)となる。

(2) 電車が鉄橋をわたり始めてから，完全にわたり終わるまでに走ったきょりは，

(鉄橋の長さ)＋(電車の長さ)＝160＋50＝210(m)である。また，この電車は時速36km＝時速36000mで進んでいるので，1秒間に進むきょりは，36000÷60÷60＝10(m)である。よって，完全にわたり終わるまでにかかる時間は，210÷10＝21(秒)となる。

(3) タイとアジの数の比は2：7で，タイの数は18なので，アジの数を□とすると，<u>2：7＝18：□</u>となる。18＝2×9だから，下線部の「＝」の右側の比は左側の比を9倍しているので，□＝7×9＝63

アジとイワシの数の比は3：8で，アジの数は63なので，イワシの数を△とすると，3：8＝63：△となる。63＝3×21より，△＝8×21＝168

(4) 1～25の整数のうち，偶数は，25÷2＝12余り1より，12個あり，奇数は，12＋1＝13(個)ある。

奇数の段では，1段につき13人座ることができ，13列あるので，13×13＝169(人)座ることができる。

偶数の段では，1段につき12人座ることができ，12列あるので，12×12＝144(人)座ることができる。

よって，169＋144＝313より，観客席には最大313人座ることができる。

2 (1) (色紙の長さの合計)－(のりしろのはばの合計)＝(⬚ 部分の横の長さ)となるので，

（色紙の長さの合計）＝（ [   ] 部分の横の長さ）＋（のりしろのはばの合計）と考えることができる。

のりしろの数は，26－1＝25（個）であり，はばが1cmなので，色紙の長さの合計は，287＋25＝312（cm）

となる。よって，色紙1枚の長さは，312÷26＝12（cm）

(2) 色紙を折ったとき，折り目を対称の軸として，2つの線対称な図形ができる。右図のように順に色紙を開き，線対称な図形を作図していけばよい。また，切り落とした部分は，直角をつくる2辺が2cmの直角二等辺三角形だから，色紙を開いた後の図形は，1辺10cmの正方形の四角（よすみ）から，1辺2cmの正方形を切り取った図形になる。

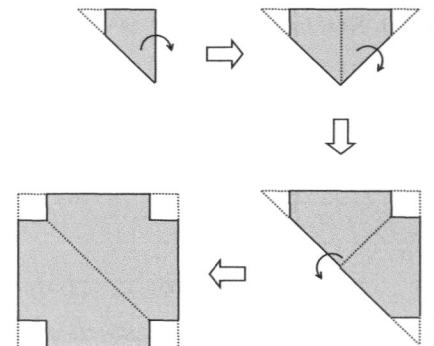

3 (1)① アルミニウム，鉄などの金属は電気を通しやすい。

② 磁石につくのは，鉄，コバルト，ニッケルなど，一部の金属だけである。　③ 鉄1cm³あたりの重さは約7.9g，アルミニウム1cm³あたりの重さは約2.7gである。

(2) 金属は水や空気と同様に温められると体積がふえ，冷やされると体積がへる。温められたり冷やされたりしたときの体積の変化は，大きい方から空気，水，金属の順である。

(3) 空気は水よりも体積の変化が大きい。お湯をかけることで，アルミかんの中の空気の体積が大きくなって水をおすので，ストローから水が出てくる。

(4) 同じアルミかんを使うことに注意する。空気の体積変化が大きくなるような工夫を考えよう。解答例の1つ目は，アルミかんの中の空気の体積を増やす方法，2つ目と3つ目はアルミかんの中の空気の温度変化を大きくする方法である。

4 (1)D　けんび鏡では上下左右が反対に見えるので，視野の左下に見えるものを中央に移動させるときは，プレパラートを左下（イの方向）に動かす。

(2) とがっている部分があることで，花粉がくっつきやすくなる。

(3) この実験では，受粉させると実ができることを調べたいので，①で花粉をつけるとき以外は，花粉がめしべの先につかないように，つぼみの時点でふくろをかける。

(4) アサガオでは，1つの花におしべとめしべがあり，同じ花の中でおしべから出る花粉がめしべの先について受粉し，実ができる（自家受粉という）。めしべに花粉がつかないようにするには，つぼみのときにおしべを全て取りのぞき，ふくろをかければよい。

《解答例》

1 (1)A．新潟　B．秋田　C．5　(2)D．南東　E．病気　F．長い　(3)十和田市では，まっしぐらとつがるロマンがつくられていること。／下北半島では，まっしぐらがつくられていること。　(4)大型機械が入れるように水田や農道が整備され，米づくりにおける機械化が進んだことや水の管理がしやすくなったことによって，作業時間が少なくなり，米の収穫量が増えたこと。

2 (1)A．ぼん地　B．高原　C．かたむきが急で短い　(2)D．砂防　「緑のダム」のほかの働き…木や森の土に水をとどめておく働き　(3)日光が木の高いところの葉から根元までより多く当たるようになり，木が太く育つようになること。　(4)落ち葉と土の中の小さな生物によって栄養分がつくられ，その栄養分が川を通って海に流れ出すことによって，植物性プランクトンや動物性プランクトンが増え，それらを魚が食べるというように，森からの栄養分が魚を育てるということ。

3 (1)ア．なることです　イ．もっています　(2)近所で飼われている大きな犬にほえられて
(3)①だから，　②しかし，　(4)右図　(5)ふうとうの中のはがきをお使いください。
ほう問させていただける場合は、一月の土曜日か日曜日で、中山さんのごつごうがよい
日時を、はがきにお書きください。

4 (1)ア．開け　イ．熱い　ウ．周り
(2)ごみが落ちていたり，ごみ箱からごみがあふれていたりする
(3)(例文)
　ごみ箱がある場合は，きちんとその中に捨てる，落ちているごみがあったら拾ってごみ箱に捨てるということを心がけるとよいと思います。また，ごみ箱があふれそうな時は，無理に捨てようとせずに，入らないごみを持ち帰るとよいと思います。ごみ箱がない場合は，その場に捨てたりせず，必ず持ち帰るべきだと思います。
　そのように，一人一人が，公園を使う他の人たちのことを思ってごみを散乱させないように心がけることが，「思いやり」が公園をきれいにするということだと考えます。ごみのないきれいな公園は，各自の小さな行動の積み重ねによって保たれるのだと思います。

（右図）
十二月二日
中山　まさ子　様
青木　ひとみ

《解　説》

1 (1)　新潟県と東北地方の県の中で生産量の多い順は，新潟県(66.7)＞秋田県(52.7)＞山形県(40.2)＞宮城県(37.7)＞福島県(36.7)＞青森県(28.4)＞岩手県(27.9)だから，A＝新潟，B＝秋田，C＝5
(2)　D．日本では，夏の季節風は南東から，冬の季節風は北西から吹く。1年のうち，夏と冬で吹く向きが変わる風を季節風(モンスーン)という。夏は海洋側から大陸側に向けて，冬は大陸側から海洋側に向けて吹く。
E．湿った風が高い山をこえるとき，こえる前の気温より，こえた後の気温が高くなる現象をフェーン現象という。米づくりでは，稲がぬれたり，寒くなったりすると病気になりやすくなる。

F．東北地方の夏は，太平洋側よりも日本海側の方が気温は高く，晴れた日が多くなる。これは，東北地方の太平洋側に寒流である千島海流(親潮)が流れているためである。夏に吹く湿ったやませも，千島海流の影響である。寒流によって上空の空気が冷やされ，冷やされた空気が太平洋側に運ばれると，霧が発生したり，雲が発生したりして日照時間が短くなる。

(3) 解答例以外にも，「青天の霹靂は，津軽南部でつくられている。」なども考えられる。

(4) 資料6から「単位面積当たりの収穫量が増えていること」，資料7から「米づくりの作業時間が短縮されていること」を読み取り，資料8から「ほ場整備が進み，大型機械が使えるようになったり，水の管理が容易になったりしたこと」を読み取れば，解答例のようになる。

2 (1) A．「山に囲まれている平地」とあることから盆地を導く。 B．「標高が高いところに平らに広がる土地」とあることから高原と判断する。台地との判断が難しいが，標高が高いとあることから高原とする。台地は，まわりより高くなっている平らな土地のように表現される。

(2) 資料3は，砂防ダムの中の「砂防堰堤（えんてい）」と呼ばれるものである。土砂がたまることで川底が削られることを防ぎ，勾配が緩やかになることで水の流れが遅くなる。

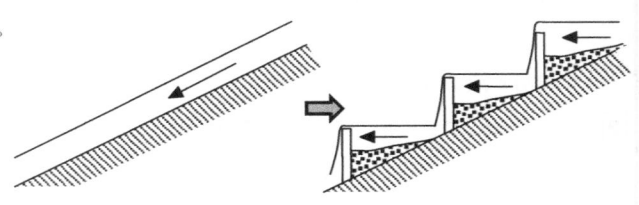

(3) 植物の葉に日光が当たると，水と二酸化炭素からでんぷんをつくる光合成が行われる。資料6より，間ばつをしている森林内は明るく，資料5より，間ばつをしている森林の木の方が太いから，間ばつをすると，となりの木との日光のうばい合いが減り，光合成がさかんに行われて木が太く育つと考えられる。なお，森林にとってよいこととしては，資料6からもわかるように，日光がより低いところまで届くことで下草が育ち，土砂や水をとどめておく働きがより強くなったり，生物の多様性が保たれたりすることなどがあげられる。

(4) 資料8より，森でつくられた栄養分が川へ流れこむこと，資料7より，森と海が川でつながっていることがわかる。森がしっかりと育つことで森でつくられる栄養分がふえ，その栄養分が海に流れこんで海の生物がよく育つようになるということである。

3 (1)ア この文の主語は「夢は」なので，これに合う形に直す。 イ 「わたしは」に対応する言葉を考える。「わたしは～夢をもっています」とすれば，自然な文章になる。

(2) この部分をふくむ一文の主語は「わたしは」なので，「ほえて」を「ほえられて」という受け身の表現に直す。また，「大きな」は「犬」にかかっているので，「大きな」が入る位置を変えるとわかりやすくなる。

(3)① 前の二文が原因，直後の部分が結果という関係になっているので，「だから，」「したがって，」などが入る。

② 前と後で逆のことが書かれているので，「しかし，」「ところが，」などが入る。

(4) まず日付を上の方(行のはじめから少し下がったところ)に書く。次に，自分の名前を行の終わりに書く。最後に，相手の名前を行のはじめに書く。

(5) たけしさんの話の中の「返事のもらい方」「どのような内容を書いてほしいのか」について，ひとみさんが具体的な内容を話している。ひとみさんが話した内容をもとにまとめればよい。

4 (2) アンケートは，「公園にごみ箱があったころ」にとったものである。アンケート結果の②からは，「落ちているごみを見かけたとき」や「ごみがごみ箱からあふれていたとき」に，公園がきれいでないと感じる人が多いことがわかる。また，アンケート結果の①からは，ごみ箱があるのに，ごみをその場に捨てた人がいることがわかる。これでは，ごみ箱があったとしても落ちているごみはなくならない。

《解答例》

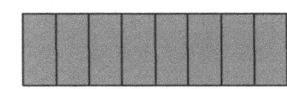

1　(1)求め方…(10×3＋5×2)×2＝80　10×3.14＝31.4　80＋31.4＋10＝121.4

くくったリボンの長さは…121.4　(2)右図

(3)求め方…右表　紙を折った回数…6　折り目の本数…63

(4)求め方…20×20＝400　6800÷400＝17　20－17＝3

400×3＝1200　金属①の体積は…1200

紙を折った回数	1	2	3	4	5	6
長方形の数	2	4	8	16	32	64
折り目の本数	1	3	7	15	31	63

(5)求め方…25－17＝8　400×8＝3200　3200＋150＝3350　金属②の体積は…3350

(6)ア．25　イ．40　ウ．500　求め方…220＋500＝720　1－0.4＝0.6　720÷0.6＝1200　1－0.25＝0.75

1200÷0.75＝1600　持っていたお金は…1600

2　(1)①ア　②ウ　③イ　④エ　(2)C→A→D→B　(3)観点…受精からたん生までの日数／養分の取り入れ方

人…羊水　(4)人もメダカも生命の始まりは受精卵である。／人もメダカもだんだん成長して大きくなる。

3　(1)ア．N　イ．しりぞけ合う　(2)かん電池の数を増やして，直列つなぎにする。／コイルのまき数を増やす。

(3)①流れます／電磁石　②引きつける／はなれる／回路に電流が流れなくなります／電磁石ではなくなります

性質…電磁石の，コイルに電流が流れているときだけ，鉄しんが磁石になる

《解　説》

1　(1)　結び目以外のリボンは，直線部分(右図の直線ＡＤと直線ＢＣ)

と曲線部分に分けられる。ＡＤの長さは，円の直径3つ分と円の半

径(5cm)2つ分だから，直線部分の長さは，

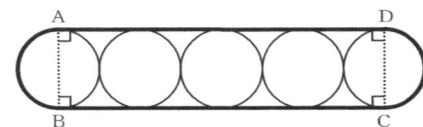

(10×3＋5×2)×2＝80(cm)

2つの曲線部分を合わせると直径10cmの円になるから，曲線部分の長さは，10×3.14＝31.4(cm)

よって，リボンの長さは，結び目の長さを合わせて，80＋31.4＋10＝121.4(cm)

(2)　半分に折ることを1回行うごとに紙は2等分されるから，1回行うと2等分，2回行うと2×2＝4(等分)，

3回行うと4×2＝8(等分)される。したがって，紙が8等分されるように折り目の線を7本引けばよい。

(3)　(2)より，解答例の表のようにまとめられる。

(4)　容器の底面積は20×20＝400(㎠)だから，金属①を入れる前の水の深さは，6800÷400＝17(cm)

よって，金属①を入れることで水の深さが20－17＝3(cm)増えたから，金属①の体積は，底面積400㎠，深さ

3cmの水の体積と等しく，400×3＝1200(㎤)

(5)　金属②の体積は，金属②を入れる前の容器内の水が入っていない分の容積，つまり，深さ25－17＝8(cm)分

の容積と，あふれた水の体積を足すと求められる。深さ8cm分の容積は，400×8＝3200(㎤)

あふれた水は，0.15L＝(0.15×1000)㎤＝150㎤だから，金属②の体積は，3200＋150＝3350(㎤)

(6)　220＋500＝720(円)は，クッキーを買ったあとに残っていたお金の1－0.4＝0.6にあたるから，クッキーを

買ったあとに残っていたお金は，720÷0.6＝1200(円)である。この金額は，持っていたお金の1－0.25＝0.75に

あたるから，持っていたお金は，1200÷0.75＝1600(円)

2　(1)　おすの背びれには切れこみがあり，めすの背びれには切れこみがない。また，おすのしりびれは後ろが長いが，

めすのしりびれは後ろが短い。

(2)　観察カードの[気付いたこと]に着目し，メダカの形が少しずつできていき，動きがさかんになっていくような順にならべればよい。

3 (1)　磁石は，同じ極を近づけたときにはしりぞけ合い，異なる極を近づけたときには引きつけ合う。よって，図の宙に浮くこまでは，小さな磁石の下側と大きな磁石の上側が同じ極になっている。小さな磁石の上側がS極であれば，小さな磁石の下側はN極であり，大きな磁石の上側もN極である。

(2)　かん電池の数を増やして，直列つなぎにすると，コイルに流れる電流が強くなり，磁力が強くなる。なお，かん電池の数を増やして，並列つなぎにしても，コイルに流れる電流の強さはかん電池1個のときと変わらず，磁力は強くならない。

(3)　このような電磁石の性質は，リサイクル工場などでも利用されている。鉄のかたまりを運ぶとき，持ち上げるときには電流を流して(電磁石にして)鉄のかたまりを引きつけ，運んだ先で電流を流すのをやめれば，鉄のかたまりは簡単にはなれる。永久磁石では，(鉄のかたまりを引きつけることは電磁石と同様にできるが)鉄のかたまりを簡単にはなすことができない。

《解答例》

1 (1)A．太平洋ベルト　Ｂ．③　Ｃ．自動車　Ｄ．機械工業　Ｅ．食料品工業(DとEは順不同)　Ｆ．②　　(2)鉄鋼の原料である鉄鉱石を，船で大量に輸入しているので，海ぞいに製鉄所があると，船からおろした鉄鉱石を製鉄所に運びやすいから。また，生産した鉄鋼を船で輸出しやすいから。　　(3)軽くて小さく高価なもの

2 (1)Ａ．50　Ｂ．4　Ｃ．1970　Ｄ．米　　(2)市場には，国産と外国産のかぼちゃを合わせた量が，一年中だいたい同じ量になるように入荷しているので，お店の人がいつでも必要な量を仕入れることができるから。　　(3)農薬の使用量を減らしたり，農薬を使わなかったりしたこと。／味のよい野菜であること。　　(4)消費者ににんにくを買って食べてもらう機会を増やしたいから。／生産したにんにくをむだにせず，加工品にして売りたいから。

3 (1)(開)かれます／(楽)しみにしています　　(2)ア．準備　イ．招待　ウ．配る

(3)①15　②図工室　③メッセージカードとしおり　④2月12日　　(4)ア．手　イ．目　ウ．歯

(5)①から③まで　　(6)長い一文を短い文に分けている。／番号を付けてゲームの手順を示している。

(7)(例文)

　　ドッジボールをやることに(賛成)です。ドッジボールはどの学年にも人気があり，1年生にとってもルールがかん単です。また，感想に「6年生とボールであそびたい」とあることからも，ドッジボールは，みんなが楽しめると思います。

　　しかし，1年生にとって6年生が投げるボールは速くてつかめなかったり，強く当てられていたかったりすると思います。また，1年生が投げるボールは，かん単に6年生がつかんでしまい，1年生が十分に楽しめないと思います。

　　そこで，やわらかいボールを使って，ボールを投げずに転がすというルールのドッジボールにしたらよいと思います。そうすることで，当てられてもいたくないし，投げるのが苦手な人でも楽しめると思います。

《解　説》

1 (1)Ａ　燃料・原料を輸入し，製品を輸出する加工貿易が行われてきたため，輸出入に便利な沿岸部の太平洋ベルトに工業が発達した。　　Ｂ・Ｆ　中京工業地帯は愛知県と三重県だから，③を選ぶ。阪神工業地帯は大阪府と兵庫県だから，②を選ぶ。①は瀬戸内工業地域，④は京浜工業地帯，⑤は関東内陸工業地域。　　Ｃ　愛知県豊田市にはトヨタ自動車がある。　　Ｄ　横軸が兆円になっているので，グラフの長さがそのまま生産額になる。機械工業の生産額は，関東内陸工業地域がおよそ14兆円，阪神工業地帯がおよそ12兆円，瀬戸内工業地域がおよそ11兆円である。　　Ｅ　食料品工業の生産額は，関東内陸工業地域がおよそ5兆円，阪神工業地帯がおよそ4兆円，瀬戸内工業地域がおよそ3兆円である。

(2)　資料3 より，鉄鋼の原料である鉄鉱石は，ほとんど輸入に頼っていることを読み取る。資料4 より，鉄鉱石の輸送に船が利用されていることを読み取る。資料5 より，国産の鉄鋼の4割近くが外国に輸出されることを読み取る。

(3)　資料6 より，飛行機の輸送量は船の300分の1程度であるのに対し，飛行機の貿易額は船の40%程度であることから，飛行機で輸送されるものが高価なものだと読み取れる。資料7 より，単価が高く軽量なものが飛行機で輸送されることを読み取る。

2 (1)A　1973年の石油危機の後，各国の排他的経済水域の設定と相まって，日本の遠洋漁業は衰退していった。

　B　1960年の小麦の自給率は40%だから，2010年の約10%は1960年の4分の1である。　　　D　米の自給率が100%前後であることから導ける。

(2)　資料2より，国産のかぼちゃは1月〜5月に入荷量が少なくなることを読み取る。資料3より，外国産のかぼちゃは国産の入荷量の少ない時期に多く入荷されていることを読み取る。日本では，かぼちゃのとれる量が少なくなる期間，南半球のニュージーランドや温暖なメキシコからかぼちゃを多く輸入している。そのため，一年中安定したかぼちゃの量を仕入れることができる。

(3)　農薬については，資料4の「さいばい期間中不使用」，資料5の「使用する農薬の量を減らしました」に着目する。味については，資料4の「あまみを十分引き出しました」，資料5の「味がこいトマトです」に着目する。

(4)　規格外で販売できないにんにくを，加工して有効活用していることを読み取る。産地直売は，流通コストが安くなることや消費者へ新鮮なまま届けられるなどの利点がある6次産業である。

3 (1)　「なかよし集会が」という主語に応じて，「開かれます」とする。「開きます」を述語にするならば，「何を」（なかよし集会を）という表現が必要。　　　「1年生は」という主語と「何を」にあたる「集会を」に応じて，「楽しみにしています」とする。

(3)　プレゼント作りの日時と場所は，「■集会までの主な予定」に「2／15(月)　プレゼント作り（図工室）」とある。具体的に何を作るかと，手伝える場合にどうするかは，「5　その他」に「メッセージカードとしおりをプレゼントします〜協力してくれる人は，2月12日までに〜三本木先生に話してください」とある。

(4)　ア．プレゼントをもらった1年生の喜ぶ様子が，実際に見えるかのように想像できるということ。「手に取るよう」は，目の前にあるかのようにはっきりわかる様子。　イ．6年生のおにの足の速さに，おどろいていたということ。「目を丸くする」は，おどろいて目を見張る様子。　ウ．1年生にとっては，6年生が強すぎてたちうちできないだろうということ。「歯が立たない」は，相手が自分の力をはるかにこえていて，とても張りあうことができないという意味。

(5)　【ジャンケン列車のルール】の「全員が一列になるまでそれらをくり返して」は，【書き直した〜ルール】の「④　①から③までを全員が一列になるまでくり返す」にあたる。

(6)　【ジャンケン列車のルール】は長い一文で説明されているが，【書き直した〜ルール】では，手順ごとに短い文に分け，番号を付けて，か条書きにしている。

(7)　《条件》の③「逆の立場になって考えたことを，『しかし，』から始めて書く」という条件に注意しよう。反対意見や異なる意見をもつ人からの指摘を想定することで，問題点を改善する方向に導くことができ，自分の意見に説得力をもたせることができる。

《解答例》

1 (1)青色のリボン1m分のねだんを求める式…780÷2.6＝300

赤色のリボン1m分のねだんを求める式…280÷0.8＝350　青／50

(2)中央値を求める式…(50＋40)÷2＝45　ア．45　イ．40

度数分布表…右表

得　点(点)	人　数(人)
以上～未満	
0　～　20	0
20　～　40	7
40　～　60	9
60　～　80	6
80　～100	2
合計	24

2 (1)右図　(2)右図 から2つ　(3)Aの縦と横の長さの

求め方…上の形より縦は14cm　24－14＝10

2(1)の図

A．縦…14　横…10

Bの縦と横の長さの求め方…上の形より縦は14cm

616÷2＝308　308－14×10＝168　168÷24＝7

B．縦…14　横…7

Cの縦と横の長さの求め方…24－14＝10　横の長さはBの横の長さと等しいので7cm

2(2)の図

C．縦…10　横…7　　組み立てて直方体にしたときの体積は…980

3 (1)ウ　　(2)①むね　②はら

(3)[どこで／どのように]　よう虫…[池／水の中の生き
物を食べている。]　成虫…[草むら／草むらにいる小さ
な虫を食べている。]　　(4)右図　　(5)夏の大三角

(6)②場所　③ならび方

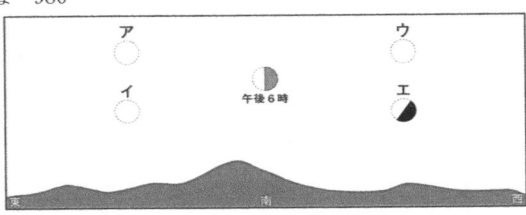

3(4)の図

4 (1)

ブランコ	人の体重	ゆれの大きさ	チェーンの長さ
ふりこ	おもりの重さ	ふれはば	ふりこの長さ

(2)表1は，時間が一番長かったのが1.68秒，短かったのが1.28秒で0.4秒の差があり，表2は，時間が一番長かった
のが1.33秒，短かったのが1.28秒で0.05秒しか差がないので，1往復する時間を計るよりも，10往復する時間を計っ
て求めたほうが，差が小さく，より正確であるといえる。　　(3)変えようとした条件…おもりの重さ　変わってしまっ
た条件…ふりこの長さ　　(4)選んだ実験結果…ア，オ，ケ／イ，カ，コ／ウ，キ，サ／エ，ク，シ のうち1組　考察…ふ
りこの長さやふれはばを変えずに，おもりの重さを10g，20g，30gに変えても，ふりこが1往復する時間は約0.91秒
で変わらないので，おもりの重さを重くしても，ふりこの1往復する時間は変わらないということがいえる。

《解　説》

1 (1)　1m分のねだんは，金額を長さ(m)で割ることで求められる。よって，1m分のねだんは，青色のリボンが
780÷2.6＝300(円)，赤色のリボンが280÷0.8＝350(円)だから，青色の方が350－300＝50(円)安い。

(2)　得点を高い順に並べると，90，80，70，70，60，60，60，60，50，50，50，50，40，…となるので，
中央値は，(50＋40)÷2＝ア45である。最頻値は，最も度数(人数)の多い得点である。表から，90点が1人，
80点が1人，70点が2人，60点が4人，50点が4人，40点が5人，30点が4人，20点が3人だから，最頻値は
イ40である。各階級の度数は，20点以上40点未満が3＋4＝7(人)，40点以上60点未満が5＋4＝9(人)，
60点以上80点未満が4＋2＝6(人)，80点以上100点未満が1＋1＝2(人)だから，度数分布表は解答例のようになる。

2 (1)　点対称な図形において，対応する2点を結ぶ直線は対称の中心を通る。よって，対
応する2点を結ぶ直線を2本ひくことで，その2本が交わる点が対称の中心だとわかる。
右図のように解答例以外の2直線となってもよい。

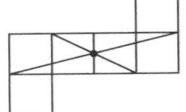

(2) 立方体の展開図は右図の①～⑪の11種類ですべてなので，覚えておくとよい。①～⑥のように，4つの面が1列に並び，その上下に1面ずつがくっついている形が基本的な形である。立方体の展開図では面を90度ずつ回転移動させることができるので，⑤の左端（ひだりはし）の面を上に回転移動させると⑦になる。⑦の一番下の面を右に回転移動させていくと，⑧と⑨ができる。⑩と⑪は覚えやすい形なので，そのまま覚えるとよい。

このうち，点対称な形は，④，⑥，⑩，⑪であり，④は裏返したときに「たろうさんがつなげてできた形」と同じ形になるから，⑥，⑩，⑪から2種類を方眼からはみ出さないようにかけばよい。

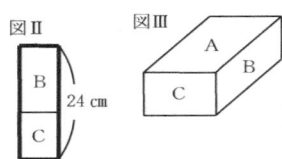

(3) できた形について，同じ長さの辺を，細い線，太線，破線（はせん）でまとめると，右図Ⅰのようになる。これより，AとBの縦の長さは等しく14㎝である。Aの横の長さとCの縦の長さは等しいから，Aの縦と横の長さの和は，BとCの縦と横の長さの和に等しく24㎝である。よって，Aの横の長さは24－14＝10(cm)

次にBの横の長さを求める。長方形A，B，Cの面積の和は616÷2＝308(㎠)なので，BとCの面積の和は308－14×10＝168(㎠)である。よって，図Ⅱの太線の長方形の横の長さは，168÷24＝7(cm)だから，BとCの横の長さは7㎝である。

図Ⅲのように，底面をAとすると，高さが7㎝の直方体となるから，体積は，14×10×7＝980(㎠)である。

3 (1)(2) トンボのようなこん虫はあしを6本（3対）もつ。また，こん虫のからだは頭，むね，はらの3つの部分に分かれており，6本のあしはすべてむねについている。

(3) トンボのよう虫をやごという。やごは池や川のような水の中に生息している。また，トンボの成虫は草むらのようにえさが豊富で自由に飛び回れるところに生息している。

(4) エ○…月は太陽や星などと同様に，東の地平線から出て南の空で最も高度が高くなり，西の地平線にしずむ。したがって，午後6時に南の空で最も高度が高くなっている月は，午後9時には南西の空の，高度が少し下がった位置にある。また，月は太陽の光を反射して光って見えるので，南西の空にあるときは，地平線の下にある太陽の光を反射して右下半分が光って見える。なお，午後6時に真南の空に見える，右側半分が光って見える月を上弦の月という。

(5) 夏の大三角をつくる星は，はくちょう座のデネブ，こと座のベガ，わし座のアルタイルである。なお，冬の大三角をつくる星は，オリオン座のベテルギウス，こいぬ座のプロキオン，おおいぬ座のシリウスである。

(6) お父さんが沖縄県でも夏の大三角が同じように観察できたと言っているように，観察する場所が変わっても，星のならび方は変わらず，星座の形は変わらない。なお，観察する日時や場所によって，星座の見える位置や角度は変化する。

4 (2) 表1の2回目の1.68秒と4回目の1.28秒のように，表2と比べて表1の方が値の範囲が広くなっていることがわかる。このことから，10往復する時間をはかって10でわった表2の値の方が，ふりこが1往復する時間をより正確に求めることができるといえる。

(3) たろうさんはおもりの重さを重くした方が1往復する時間は短くなると予想したので，変えようとした条件はおもりの重さである。しかし，ふりこのおもりの先に②，③のようにおもりを付けたしたため，ふりこの長さが変わってしまった。

(4) ある条件について調べたいときは，その条件以外が同じ実験の結果を比べる。たろうさんは重さの条件について調べたいので，重さ以外の条件が同じ（ア，オ，ケ），（イ，カ，コ），（ウ，キ，サ），（エ，ク，シ）のうちいずれかの組み合わせを選べばよい。これらの4組すべてで，1往復する時間の3つの値が同じになっていることから，おもりの重さは1往復する時間に影響しないことがわかる。なお，ふりこの長さ以外の条件が同じアとウなどの1往復の時間を比べると，ふりこの長さが長いほど1往復する時間が長くなることがわかる。

《解答例》

1 (1)A．白神　B．岩木　C．津軽　D．日本海　(2)E．陸奥　F．七戸十和田　G．青函　(3)①たまごをかえす。　③海に放流する。　(4)ひらめの漁獲量が減ってきたので，1990 年にさいばい漁業が始まり，その後，ひらめの漁獲量が増えてきた。

2 (1)[和服を着ていた／洋服を着て]，[かごに乗っていた／馬車に乗って]　(2)A．学問のすゝめ　B．自由民権　C．大日本帝国　(3)D．廃藩置県　E．米　F．現金　(4)江戸時代には手作業で生糸を作っていたが，明治時代には機械を使ってたくさん生糸をつくることができるようになったから。

(5)富国強兵とはどういうことか…国が運営する工場を建てて工業を発展させたり，軍隊を強くしたりすること。富国強兵に力を入れていた理由…国を発展させ，外国に追いつくため。

3 (1)右図　(2)ア．**友達**　イ．**性格**　ウ．**散歩**　エ．**満**ちた

(3)校長先生／1，2年生　(4)①なぜなら，　②また，

(5)11 月の毎週火曜日の昼休みに図書館で

(6)おいそがしいと思いますが，どうかよろしくお願いします。

(7)ア．まんがを置いてほしいと答えた人が一番多い

イ．字がいっぱいの本が多い

(8)(例文)

　　3 の内容から考えると，まんが以外にも，いろいろな本を置いてほしいと答えている人がいることや，まんが以外のいろいろな本を置いてほしいと答えた合計の人数が，まんがを置いてほしいと答えた人数よりも多いからです。

　　2 の内容から考えると，「いいえ」と答えた人の中に，「読みたい本がない」と答えた人たちがいて，その人たちは，まんがだけでなく，いろいろな本を置くことで，学級文庫をもっと利用してくれると思うからです。

レンタルロボット
作：たきい　さちよ

例は
健太和，「ロボットかします」とゆう店を見つけ，自分のこづかいで「弟ロボット」を手に入れました。
ねがいがかなっておうよろこびの健太。
ところが，お兄ちゃんとしてがまんすることも少しずつ出てきて，だんだんとけんかおすることも……。

《解　説》

1 (1)A・B　白神山地にはブナの原生林が広がっていて，天然のダムの役割を果している。落ち葉と土の間を通る間に，雨水の不純物が取り除かれて清流となり，岩木川を形成する。　C　津軽平野の北部は水田単作地帯である。また，津軽平野の南部はりんごの産地として有名で，日本一の生産量である。　D　青森県の西(左)側は日本海，東(右)側は太平洋がある。

(2)E　陸奥湾は波浪が少ないので大型客船が安全に入港できる。　F　七戸十和田駅には東北新幹線が通っている。八戸駅と新青森駅にも東北新幹線が通っていて，奥津軽いまべつ駅と新青森駅には北海道新幹線が通っている。

G　北海道新幹線の新青森駅〜新函館北斗駅が，青函トンネルでつながれている。

(3)　稚魚を一定の大きさまで育てた後，海や川に放流し，自然の中で育てる「栽培漁業」と，いけすや網で区切った海などで成魚になるまで育てる「養殖漁業」の違いを押さえよう。

(4)　「なぜ」については 資料4 から考える。「ひらめのさいばい漁業」が開始される前年に「漁獲量が 1960 年以降最低」となっていることから導ける。「どうなったのか」については 資料5 から考える。1998 年のひらめの漁獲量は，さいばい漁業開始の 1990 年の倍以上に増えている。

2 (1) 明治時代に欧米の文化を急速にとりいれて人々の生活文化が変化したことを「文明開化」と言い、資料2で見られるガス灯やレンガ造りの建物もその影響である。

(2)A 『学問のすゝめ』は、冒頭の言葉「天は人の上に人を造らず、人の下に人を造らず」が広く知られており、人間の自由・平等や学問の大切さが説かれている。　　B 1874年の板垣退助らの民撰議院設立の建白書提出から自由民権運動が始まり、1881年に国会開設の勅諭が出されると、板垣退助は自由党を結成し、国会の開設に備えた　C ドイツ(プロイセン)が君主権の強い憲法であったことから、伊藤博文はドイツに留学先を決めた。

(3)D 1869年の版籍奉還で藩主から天皇に領地や人民が返還されたが、目立った効果が得られなかったため、1871年に明治政府は廃藩置県を実施し、江戸幕府の支配のしくみを完全に解体した。　　E・F それまでの米で納める租税だと、米の収かく量や米価の変動に左右されて政府の収入が安定しなかったため、地租改正が行われた。地租改正では、土地の所有者に地券を交付し、課税の対象を地価の3％(1877年に2.5％に変更)にして現金で納めさせた。

(4) 生糸の生産手段に注目して資料5と資料6を見てみよう。生糸の輸出が急増し生産が追い付かなくなると品質が低下してしまったため、生糸の品質を高めることや生産技術を向上させることを目的に、製糸場建設をフランス人のブリューナに依頼した。ブリューナは工場を群馬県の富岡に決定し、フランス製機械を輸入しフランス人技師を雇って、富岡製糸場を開設した。

(5) 富国強兵政策は、立ち遅れた日本を欧米諸国にならぶ強国にすることを目的として進められた。

3 (1) ●助詞(語と語との関係を表したり、いろいろな意味をそえたりする働きをする語)の「は」「へ」「を」は、「わ」「え」「お」と書かないように注意する。●「～という」の「いう」は、「ゆう」と発音するが、「いう」と書く。ゆうびん・ゆうえんちなどはそれに当たらない。●「ず(づ)」と発音するものは、「ず」と書くもの(しずかに・ずめん・みず　など)と、「づ」と書くもの(こづかい・みかづき・つづく　など)がある。●長音(のばす音)の「お」と「う」のちがいに注意する。発音どおりに書くもの(おおよろこび・こおり・おおきい　など)と、発音どおりに書かないもの(おうさま・おとうさん・とうふ　など)がある。

(3) 【手紙】の中に「1、2年生に読み聞かせ会を開く計画を立てています。そこで、校長先生による読み聞かせを考えています」とある。ひとみさんの言っている「だれが読み聞かせをして」の「だれが」にあたるのは校長先生で、「だれが集まるのか」の「だれが」にあたるのは1、2年生である。

(4)① 1つ目の ① の直後の「校長先生は、1、2年生に人気があるからです」は、 ① の直前の「(校長先生が)読み聞かせをすると、(1、2年生が)集まってくれると思います」の理由である。2つ目の ① の直後の「多くの本を知っているからです」は、 ② の直前の「校長先生は、楽しめる本をきっと選んでくれると思います」の理由である。よって「なぜなら、」が適する。

② ② の直後の「校長先生は、楽しめる本をきっと選んでくれると思います」は、「(校長先生が)読み聞かせをすると、(1、2年生が)集まってくれると思います」と同じで、図書委員会が校長先生による読み聞かせを計画した理由を並べているので「また、」が適する。

(5) 【計画メモ】より、「いつ」は11月の毎週火曜日で、「どこで」は図書館であることが分かる。

(6) 手紙の目的は、読み聞かせ会を開くことを計画していることと、校長先生に読み聞かせをお願いしたいと考えていることを伝えるというもの。そのため、校長先生に読み聞かせをお願いする一文を入れる必要がある。また、校長先生にあてた手紙なので、敬語を使う。

(7)ア 3の内容から、たろうさんの「まんがを置いたらいいと思うよ」という提案の理由に当たるものを選んで、 ア にあてはまるように書く。　　イ 2の内容によると、学級文庫の本を読んでいない人は、それらを読まない理由として「読みたい本がない」「字がいっぱいの本が多い」「全部読んでしまった」などをあげている。 イ の前の「まんがには絵がたくさんある」というのは、まんがは字が少ないということでもある。

《解答例》

1 (1)[平均の重さを求める式](66＋65＋68＋69)÷4＝67　[10個入り1パックの重さを求める式]67×10＝670
たまご10個入り1パックの重さは…670　　(2)[おじさんが12分間で進んだ道のりを求める式]80×12＝960
[2人の間のきょりがどう変わっていくのかをあらわした表]①960　②960　③1040　④840　⑤1120　⑥720
⑦1200　⑧600　⑨600　⑩8　⑪1600　⑫1600　たろうさんが家を出発してから…8

2 (1)[求め方]2×2×3.14÷4＝3.14　3×3×3.14÷2＝14.13　1×1×3.14÷4＝0.785
3.14＋14.13＋0.785＝18.055　子馬が草を食べることができる地面の広さは…18.055
(2)ア. 15　イ. 8　ウ. 7　[求め方]$\frac{8}{15}-\frac{4}{9}=\frac{4}{45}$　$40÷\frac{4}{45}=450$　$450×\frac{8}{15}=240$　450－240＝210
たろうさん…240　ともこさん…210

3 (1)①液体　②固体　③気体　　(2)④100　⑤ふっとう　　(3)何から何に変化したのか…気体から液体に変化した。
なぜ変化したのか…周りの空気に冷やされたから。　　(4)ア. 重くなり　イ. 少なくなる　　(5)日なたと日かげで
は，日なたの方が水がたくさんじょう発する。　　(6)陸と海でじょう発する量と，陸と海で雨や雪がふる量が，同
じ量だから。

4 (1)光電池が使われているもの…電卓／時計　光電池の特長…光があれば電気をつくり続けることができる。／かん
電池のように，とりかえる必要がない。　　(2)①北　②N極　③ア　④135　　(3)右図
(4)南／太陽は南の空を通ることが分かり，光電池は，強い光が当たると強い電流が流れ
ることが分かるので，太陽光発電のパネルを南に向けて取り付けると，たくさん電気を
つくることができる

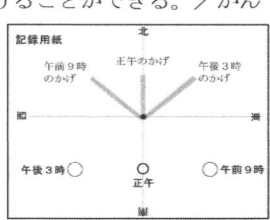

《解　説》

1 (1)　平均は，（合計）÷（個数）で求められるので，平均の重さは(66＋65＋68＋69)÷4＝67（g）である。よって，
10個入り1パックの重さは67×10＝670（g）である。

(2)　おじさんは12分間で80×12＝960（m）進んでいる。よって，たろうさんが進んだ時間が0分のとき，おじさ
んが進んだ道のりは①960m，2人の間のきょりは960－0＝②960（m）である。そこから，たろうさんが進んだ時
間が1分増えるごとに，おじさんが進んだ道のりは80m，たろうさんが進んだ道のりは200m長くなり，2人の
間のきょりは200－80＝120（m）短くなる。このことから③〜⑨は解答例のようになるとわかる。また，2人の
間のきょりが0mになるのは，たろうさんが進んだ時間が960÷120＝⑩8（分）のときであり，このときのおじさん
が進んだ道のりは960＋80×8＝⑪1600（m），たろうさんが進んだ道のりは200×8＝⑫1600（m）である。

2 (1)　子馬が草を食べることができる地面の広さは，右図のように，⑦「半径
2mの円の$\frac{1}{4}$」と，④「半径3mの半円」と，⑨「半径1mの円の$\frac{1}{4}$」を合
わせた面積となる。したがって，求める面積は，
2×2×3.14÷4＋3×3×3.14÷2＋1×1×3.14÷4＝18.055（㎡）である。

(2)　たろうさんとともこさんの牛にゅうの量の比が8：7のとき全体は
8＋7＝ア15，たろうさんはイ8，ともこさんはウ7である。

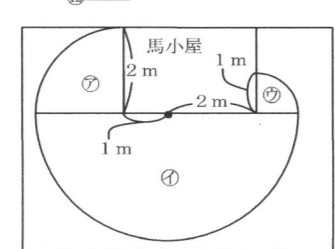

全体の量を①とすると，うつす前のたろうさんの牛にゅうの量は$\left(\frac{4}{9}\right)$，うつした後の牛にゅうの量は$\left(\frac{8}{15}\right)$なので，ともこさんがうつした量は，$\left(\frac{8}{15}\right)-\left(\frac{4}{9}\right)=\left(\frac{4}{45}\right)$である。これが 40mL だったので，全体の量は $40\div\left(\frac{4}{45}\right)=450$（mL）である。よって，うつした後のたろうさんの牛にゅうの量は $450\times\left(\frac{8}{15}\right)=240$（mL），ともこさんの牛にゅうの量は $450-240=210$（mL）である。

③ (2)　水を熱したとき，内部で液体から気体にすがたを変えて大きなあわが出てくることを，ふっとうという。ふっとうするときの温度はものによって決まっていて，水の場合は100℃である。なお，水は熱しなくても(100℃になっていなくても)，表面で液体から気体にすがたを変えて空気中に出ていく。これをじょう発という。

(3)　容器から出てきたすぐのところで白いものが見えていないのは，この部分では水が気体のすがたになっているからである。これが，周りの空気に冷やされることで，目に見える液体にすがたを変えたものが，湯気である。なお，湯気がある程度の高さで見えなくなるのは，空気中でじょう発して再び気体にすがたを変えるためである。

(4)　実験①では，地面からじょう発した水じょう気が容器の内側で水てきにすがたを変えるので，水がたくさんじょう発したときほど，容器に水てきがたくさんつき，重さが重くなる。さゆりさんは，日かげの方がたくさん水がじょう発すると予想しているから，アには「重くなり」があてはまる。また，実験②では，水がたくさんじょう発したときほど，容器に残る水の量が少なく，水面の位置が低くなる。さゆりさんは，日かげの方がたくさん水がじょう発すると予想しているから，イには「少なくなる」があてはまる。

(5)　実験①の結果で，実験前後の容器の重さを比べると，じょう発した水の量を求めることができる。日なたでは $6.1-3.7=2.4$（ g ），日かげでは$3.9-3.7=0.2$（ g ）の水がじょう発したことが分かる。また，実験②の結果では，日なたの方が水面の位置が低いから，(4)解説の通り，日なたの方がたくさん水がじょう発したことが分かる。

(6)　陸と海でじょう発する量の合計は$75兆＋430兆＝505兆$（㎥），陸と海に雨や雪がふる量の合計は$115兆＋390兆＝505兆$（㎥）で，同じ量になることが分かる。

④ (2)　地球は，北極付近がＳ極，南極付近がＮ極の大きな磁石になっているので，方位磁針のＮ極が北を向く。文字ばんの北を，方位磁針のＮ極(針の先が黒くぬられている方)が指す向きに合わせると，方位が分かりやすくなる。図２の方位磁針をアの向きに回すとき，針の向きは変わらず，文字ばんがアの向きに回る。したがって，アの向きに 135 度，またはイの向きに 225 度回せばよい。文字ばんの南と西の間の角は 90 度，南と南西の間の角は 45 度である。

(3)　かげは太陽がある方向と反対の方向にできる。したがって，記録用紙で，それぞれのかげを南側に延長した方向に太陽がある。

■ ご使用にあたってのお願い・ご注意

（1）問題文等の非掲載

著作権上の都合により，問題文や図表などの一部を掲載できない場合があります。

誠に申し訳ございませんが，ご了承くださいますようお願いいたします。

（2）過去問における時事性

過去問題集は，学習指導要領の改訂や社会状況の変化，新たな発見などにより，現在とは異なる表記や解説になっている場合があります。過去問の特性上，出題当時のままで出版していますので，あらかじめご了承ください。

（3）配点

学校等から配点が公表されている場合は，記載しています。公表されていない場合は，記載していません。

独自の予想配点は，出題者の意図と異なる場合があり，お客様が学習するうえで誤った判断をしてしまう恐れがあるため記載していません。

（4）無断複製等の禁止

購入された個人のお客様が，ご家庭でご自身またはご家族の学習のためにコピーをすることは可能ですが，それ以外の目的でコピー，スキャン，転載（ブログ，ＳＮＳなどでの公開を含みます）などをすることは法律により禁止されています。学校や学習塾などで，児童生徒のためにコピーをして使用することも法律により禁止されています。

ご不明な点や，違法な疑いのある行為を確認された場合は，弊社までご連絡ください。

（5）けがに注意

この問題集は針を外して使用します。針を外すときは，けがをしないように注意してください。また，表紙カバーや問題用紙の端で手指を傷つけないように十分注意してください。

（6）正誤

制作には万全を期しておりますが，万が一誤りなどがございましたら，弊社までご連絡ください。

なお，誤りが判明した場合は，弊社ウェブサイトの「ご購入者様のページ」に掲載しておりますので，そちらもご確認ください。

■ お問い合わせ

解答例，解説，印刷，製本など，問題集発行におけるすべての責任は弊社にあります。

ご不明な点がございましたら，弊社ウェブサイトの「お問い合わせ」フォームよりご連絡ください。迅速に対応いたしますが，営業日の都合で回答に数日を要する場合があります。

ご入力いただいたメールアドレス宛に自動返信メールをお送りしています。自動返信メールが届かない場合は，「よくある質問」の「メールの問い合わせに対し返信がありません。」の項目をご確認ください。

また弊社営業日（平日）は，午前９時から午後５時まで，電話でのお問い合わせも受け付けています。

2025 春

株式会社教英出版

〒422-8054　静岡県静岡市駿河区南安倍３丁目 12-28

TEL　054-288-2131　　FAX　054-288-2133

URL　https://kyoei-syuppan.net/

MAIL　siteform@kyoei-syuppan.net

教英出版 2025年春受験用 中学入試問題集

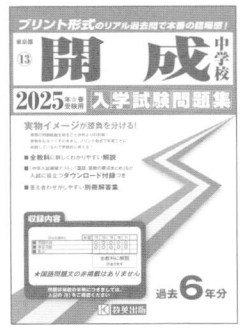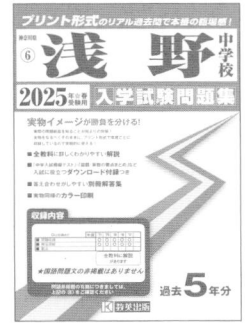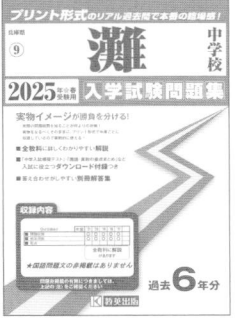

学校別問題集
★はカラー問題対応

北 海 道
- ① [市立]札幌開成中等教育学校
- ②藤 女 子 中 学 校
- ③北 嶺 中 学 校
- ④北 星 学 園 女 子 中 学 校
- ⑤札 幌 大 谷 中 学 校
- ⑥札 幌 光 星 中 学 校
- ⑦立 命 館 慶 祥 中 学 校
- ⑧函 館 ラ・サール 中 学 校

青 森 県
- ① [県立]三本木高等学校附属中学校

岩 手 県
- ① [県立]一関第一高等学校附属中学校

宮 城 県
- ① [県立]宮城県古川黎明中学校
- ② [県立]宮城県仙台二華中学校
- ③ [市立]仙台青陵中等教育学校
- ④東 北 学 院 中 学 校
- ⑤仙 台 白 百 合 学 園 中 学 校
- ⑥聖ウルスラ学院英智中学校
- ⑦宮 城 学 院 中 学 校
- ⑧秀 光 中 学 校
- ⑨古 川 学 園 中 学 校

秋 田 県
- ① [県立] 大館国際情報学院中学校 / 秋田南高等学校中等部 / 横手清陵学院中学校

山 形 県
- ① [県立] 東桜学館中学校 / 致道館中学校

福 島 県
- ① [県立] 会津学鳳中学校 / ふたば未来学園中学校

茨 城 県
- ① [県立] 日立第一高等学校附属中学校 / 太田第一高等学校附属中学校 / 水戸第一高等学校附属中学校 / 鉾田第一高等学校附属中学校 / 鹿島高等学校附属中学校 / 土浦第一高等学校附属中学校 / 竜ヶ崎第一高等学校附属中学校 / 下館第一高等学校附属中学校 / 下妻第一高等学校附属中学校 / 水海道第一高等学校附属中学校 / 勝田中等教育学校 / 並木中等教育学校 / 古河中等教育学校

栃 木 県
- ① [県立] 宇都宮東高等学校附属中学校 / 佐野高等学校附属中学校 / 矢板東高等学校附属中学校

群 馬 県
- ① [県立]中央中等教育学校 / [市立]四ツ葉学園中等教育学校 / [市立]太 田 中 学 校

埼 玉 県
- ① [県立]伊 奈 学 園 中 学 校
- ② [市立]浦 和 中 学 校
- ③ [市立]大宮国際中等教育学校
- ④ [市立]川口市立高等学校附属中学校

千 葉 県
- ① [県立] 千 葉 中 学 校 / 東 葛 飾 中 学 校
- ② [市立]稲毛国際中等教育学校

東 京 都
- ① [国立]筑波大学附属駒場中学校
- ② [都立]白鷗高等学校附属中学校
- ③ [都立]桜修館中等教育学校
- ④ [都立]小石川中等教育学校
- ⑤ [都立]両国高等学校附属中学校
- ⑥ [都立]立川国際中等教育学校
- ⑦ [都立]武蔵高等学校附属中学校
- ⑧ [都立]大泉高等学校附属中学校
- ⑨ [都立]富士高等学校附属中学校
- ⑩ [都立]三鷹中等教育学校
- ⑪ [都立]南多摩中等教育学校
- ⑫ [区立]九段中等教育学校
- ⑬開 成 中 学 校
- ⑭麻 布 中 学 校
- ⑮桜 蔭 中 学 校
- ⑯女 子 学 院 中 学 校
- ★⑰豊島岡女子学園中学校
- ⑱東京都市大学等々力中学校
- ⑲世 田 谷 学 園 中 学 校
- ★⑳広尾学園中学校（第2回）
- ★㉑広尾学園中学校（医進・サイエンス回）
- ㉒渋谷教育学園渋谷中学校（第1回）
- ㉓渋谷教育学園渋谷中学校（第2回）
- ㉔東京農業大学第一高等学校中等部 （2月1日 午後）
- ㉕東京農業大学第一高等学校中等部 （2月2日 午後）

神奈川県

① [県立] ⎰ 相模原中等教育学校
　　　　⎱ 平塚中等教育学校
② [市立] 南高等学校附属中学校
③ [市立] 横浜サイエンスフロンティア高等学校附属中学校
④ [市立] 川崎高等学校附属中学校
★⑤ 聖光学院中学校
★⑥ 浅野中学校
⑦ 洗足学園中学校
⑧ 法政大学第二中学校
⑨ 逗子開成中学校（1次）
⑩ 逗子開成中学校（2・3次）
⑪ 神奈川大学附属中学校（第1回）
⑫ 神奈川大学附属中学校（第2・3回）
⑬ 栄光学園中学校
⑭ フェリス女学院中学校

新潟県

① [県立] ⎰ 村上中等教育学校
　　　　 柏崎翔洋中等教育学校
　　　　 燕中等教育学校
　　　　 津南中等教育学校
　　　　 直江津中等教育学校
　　　　⎱ 佐渡中等教育学校
② [市立] 高志中等教育学校
③ 新潟第一中学校
④ 新潟明訓中学校

石川県

① [県立] 金沢錦丘中学校
② 星稜中学校

福井県

① [県立] 高志中学校

山梨県

① 山梨英和中学校
② 山梨学院中学校
③ 駿台甲府中学校

長野県

① [県立] ⎰ 屋代高等学校附属中学校
　　　　⎱ 諏訪清陵高等学校附属中学校
② [市立] 長野中学校

岐阜県

① 岐阜東中学校
② 鶯谷中学校
③ 岐阜聖徳学園大学附属中学校

静岡県

① [国立] 静岡大学教育学部附属中学校
　　　　（静岡・島田・浜松）
② ⎰ [県立] 清水南高等学校中等部
　　 [県立] 浜松西高等学校中等部
　 ⎱ [市立] 沼津高等学校中等部
③ 不二聖心女子学院中学校
④ 日本大学三島中学校
⑤ 加藤学園暁秀中学校
⑥ 星陵中学校
⑦ 東海大学付属静岡翔洋高等学校中等部
⑧ 静岡サレジオ中学校
⑨ 静岡英和女学院中学校
⑩ 静岡雙葉中学校
⑪ 静岡聖光学院中学校
⑫ 静岡学園中学校
⑬ 静岡大成中学校
⑭ 城南静岡中学校
⑮ 静岡北中学校
⑯ ⎰ 常葉大学附属常葉中学校
　 常葉大学附属橘中学校
　⎱ 常葉大学附属菊川中学校
⑰ 藤枝明誠中学校
⑱ 浜松開誠館中学校
⑲ 静岡県西遠女子学園中学校
⑳ 浜松日体中学校
㉑ 浜松学芸中学校

愛知県

① [国立] 愛知教育大学附属名古屋中学校
② 愛知淑徳中学校
③ ⎰ 名古屋経済大学市邨中学校
　⎱ 名古屋経済大学高蔵中学校
④ 金城学院中学校
⑤ 椙山女学園中学校
⑥ 東海中学校
⑦ 南山中学校男子部
⑧ 南山中学校女子部
⑨ 聖霊中学校
⑩ 滝中学校
⑪ 名古屋中学校
⑫ 大成中学校

愛知県（続き）

⑬ 愛知中学校
⑭ 星城中学校
⑮ 名古屋葵大学中学校
　（名古屋女子大学中学校）
⑯ 愛知工業大学名電中学校
⑰ 海陽中等教育学校（特別給費生）
⑱ 海陽中等教育学校（I・II）
⑲ 中部大学春日丘中学校
新刊⑳ 名古屋国際中学校

三重県

① [国立] 三重大学教育学部附属中学校
② 暁中学校
③ 海星中学校
④ 四日市メリノール学院中学校
⑤ 高田中学校
⑥ セントヨゼフ女子学園中学校
⑦ 三重中学校
⑧ 皇學館中学校
⑨ 鈴鹿中等教育学校
⑩ 津田学園中学校

滋賀県

① [国立] 滋賀大学教育学部附属中学校
② [県立] ⎰ 河瀬中学校
　　　　 守山中学校
　　　　⎱ 水口東中学校

京都府

① [国立] 京都教育大学附属桃山中学校
② [府立] 洛北高等学校附属中学校
③ [府立] 園部高等学校附属中学校
④ [府立] 福知山高等学校附属中学校
⑤ [府立] 南陽高等学校附属中学校
⑥ [市立] 西京高等学校附属中学校
⑦ 同志社中学校
⑧ 洛星中学校
⑨ 洛南高等学校附属中学校
⑩ 立命館中学校
⑪ 同志社国際中学校
⑫ 同志社女子中学校（前期日程）
⑬ 同志社女子中学校（後期日程）

大阪府

① [国立] 大阪教育大学附属天王寺中学校
② [国立] 大阪教育大学附属平野中学校
③ [国立] 大阪教育大学附属池田中学校

④[府立]富田林中学校
⑤[府立]咲くやこの花中学校
⑥[府立]水都国際中学校
⑦清風中学校
⑧高槻中学校（A日程）
⑨高槻中学校（B日程）
⑩明星中学校
⑪大阪女学院中学校
⑫大谷中学校
⑬四天王寺中学校
⑭帝塚山学院中学校
⑮大阪国際中学校
⑯大阪桐蔭中学校
⑰開明中学校
⑱関西大学第一中学校
⑲近畿大学附属中学校
⑳金蘭千里中学校
㉑金光八尾中学校
㉒清風南海中学校
㉓帝塚山学院泉ヶ丘中学校
㉔同志社香里中学校
㉕初芝立命館中学校
㉖関西大学中等部
㉗大阪星光学院中学校

兵　庫　県
①[国立]神戸大学附属中等教育学校
②[県立]兵庫県立大学附属中学校
③雲雀丘学園中学校
④関西学院中学部
⑤神戸女学院中学部
⑥甲陽学院中学校
⑦甲南中学校
⑧甲南女子中学校
⑨灘中学校
⑩親和中学校
⑪神戸海星女子学院中学校
⑫滝川中学校
⑬啓明学院中学校
⑭三田学園中学校
⑮淳心学院中学校
⑯仁川学院中学校
⑰六甲学院中学校
⑱須磨学園中学校（第1回入試）
⑲須磨学園中学校（第2回入試）
⑳須磨学園中学校（第3回入試）
㉑白陵中学校

㉒夙川中学校

奈　良　県
①[国立]奈良女子大学附属中等教育学校
②[国立]奈良教育大学附属中学校
③[県立] { 国際中学校 / 青翔中学校
④[市立]一条高等学校附属中学校
⑤帝塚山中学校
⑥東大寺学園中学校
⑦奈良学園中学校
⑧西大和学園中学校

和　歌　山　県
①[県立] { 古佐田丘中学校 / 向陽中学校 / 桐蔭中学校 / 日高高等学校附属中学校 / 田辺中学校
②智辯学園和歌山中学校
③近畿大学附属和歌山中学校
④開智中学校

岡　山　県
①[県立]岡山操山中学校
②[県立]倉敷天城中学校
③[県立]岡山大安寺中等教育学校
④[県立]津山中学校
⑤岡山中学校
⑥清心中学校
⑦岡山白陵中学校
⑧金光学園中学校
⑨就実中学校
⑩岡山理科大学附属中学校
⑪山陽学園中学校

広　島　県
①[国立]広島大学附属中学校
②[国立]広島大学附属福山中学校
③[県立]広島中学校
④[県立]三次中学校
⑤[県立]広島叡智学園中学校
⑥[市立]広島中等教育学校
⑦[市立]福山中学校
⑧広島学院中学校
⑨広島女学院中学校
⑩修道中学校

⑪崇徳中学校
⑫比治山女子中学校
⑬福山暁の星女子中学校
⑭安田女子中学校
⑮広島なぎさ中学校
⑯広島城北中学校
⑰近畿大学附属広島中学校福山校
⑱盈進中学校
⑲如水館中学校
⑳ノートルダム清心中学校
㉑銀河学院中学校
㉒近畿大学附属広島中学校東広島校
㉓AICJ中学校
㉔広島国際学院中学校
㉕広島修道大学ひろしま協創中学校

山　口　県
①[県立] { 下関中等教育学校 / 高森みどり中学校
②野田学園中学校

徳　島　県
①[県立] { 富岡東中学校 / 川島中学校 / 城ノ内中等教育学校
②徳島文理中学校

香　川　県
①大手前丸亀中学校
②香川誠陵中学校

愛　媛　県
①[県立] { 今治東中等教育学校 / 松山西中等教育学校
②愛光中学校
③済美平成中等教育学校
④新田青雲中等教育学校

高　知　県
①[県立] { 安芸中学校 / 高知国際中学校 / 中村中学校

福 岡 県

① [国立] 福岡教育大学附属中学校
（福岡・小倉・久留米）

② [県立]
- 育 徳 館 中 学 校
- 門 司 学 園 中 学 校
- 宗 像 中 学 校
- 嘉穂高等学校附属中学校
- 輝翔館中等教育学校

③ 西 南 学 院 中 学 校
④ 上 智 福 岡 中 学 校
⑤ 福 岡 女 学 院 中 学 校
⑥ 福 岡 雙 葉 中 学 校
⑦ 照 曜 館 中 学 校
⑧ 筑 紫 女 学 園 中 学 校
⑨ 敬 愛 中 学 校
⑩ 久 留 米 大 学 附 設 中 学 校
⑪ 飯 塚 日 新 館 中 学 校
⑫ 明 治 学 園 中 学 校
⑬ 小 倉 日 新 館 中 学 校
⑭ 久 留 米 信 愛 中 学 校
⑮ 中 村 学 園 女 子 中 学 校
⑯ 福 岡 大 学 附 属 大 濠 中 学 校
⑰ 筑 陽 学 園 中 学 校
⑱ 九 州 国 際 大 学 付 属 中 学 校
⑲ 博 多 女 子 中 学 校
⑳ 東 福 岡 自 彊 館 中 学 校
㉑ 八 女 学 院 中 学 校

佐 賀 県

① [県立]
- 香 楠 中 学 校
- 致 遠 館 中 学 校
- 唐 津 東 中 学 校
- 武 雄 青 陵 中 学 校

② 弘 学 館 中 学 校
③ 東 明 館 中 学 校
④ 佐 賀 清 和 中 学 校
⑤ 成 穎 中 学 校
⑥ 早 稲 田 佐 賀 中 学 校

長 崎 県

① [県立]
- 長 崎 東 中 学 校
- 佐 世 保 北 中 学 校
- 諫早高等学校附属中学校

② 青 雲 中 学 校
③ 長 崎 南 山 中 学 校
④ 長 崎 日 本 大 学 中 学 校
⑤ 海 星 中 学 校

熊 本 県

① [県立]
- 玉名高等学校附属中学校
- 宇 土 中 学 校
- 八 代 中 学 校

② 真 和 中 学 校
③ 九 州 学 院 中 学 校
④ ル ー テ ル 学 院 中 学 校
⑤ 熊 本 信 愛 女 学 院 中 学 校
⑥ 熊 本 マ リ ス ト 学 園 中 学 校
⑦ 熊 本 学 園 大 学 付 属 中 学 校

大 分 県

① [県立] 大 分 豊 府 中 学 校
② 岩 田 中 学 校

宮 崎 県

① [県立] 五 ヶ 瀬 中 等 教 育 学 校

② [県立]
- 宮崎西高等学校附属中学校
- 都城泉ヶ丘高等学校附属中学校

③ 宮 崎 日 本 大 学 中 学 校
④ 日 向 学 院 中 学 校
⑤ 宮 崎 第 一 中 学 校

鹿 児 島 県

① [県立] 楠 隼 中 学 校
② [市立] 鹿 児 島 玉 龍 中 学 校
③ 鹿 児 島 修 学 館 中 学 校
④ ラ・ サ ー ル 中 学 校
⑤ 志 學 館 中 等 部

沖 縄 県

① [県立]
- 与 勝 緑 が 丘 中 学 校
- 開 邦 中 学 校
- 球 陽 中 学 校
- 名護高等学校附属桜中学校

もっと過去問シリーズ

北 海 道
北嶺中学校
7年分（算数・理科・社会）

静 岡 県
静岡大学教育学部附属中学校
（静岡・島田・浜松）
10年分（算数）

愛 知 県
愛知淑徳中学校
7年分（算数・理科・社会）
東海中学校
7年分（算数・理科・社会）
南山中学校男子部
7年分（算数・理科・社会）

南山中学校女子部
7年分（算数・理科・社会）
滝中学校
7年分（算数・理科・社会）
名古屋中学校
7年分（算数・理科・社会）

岡 山 県
岡山白陵中学校
7年分（算数・理科）

広 島 県
広島大学附属中学校
7年分（算数・理科・社会）
広島大学附属福山中学校
7年分（算数・理科・社会）
広島学院中学校
7年分（算数・理科・社会）
広島女学院中学校
7年分（算数・理科・社会）
修道中学校
7年分（算数・理科・社会）
ノートルダム清心中学校
7年分（算数・理科・社会）

愛 媛 県
愛光中学校
7年分（算数・理科・社会）

福 岡 県
福岡教育大学附属中学校
（福岡・小倉・久留米）
7年分（算数・理科・社会）
西南学院中学校
7年分（算数・理科・社会）
久留米大学附設中学校
7年分（算数・理科・社会）
福岡大学附属大濠中学校
7年分（算数・理科・社会）

佐 賀 県
早稲田佐賀中学校
7年分（算数・理科・社会）

長 崎 県
青雲中学校
7年分（算数・理科・社会）

鹿 児 島 県
ラ・サール中学校
7年分（算数・理科・社会）

※もっと過去問シリーズは
　国語の収録はありません。

K 教英出版

〒422-8054
静岡県静岡市駿河区南安倍3丁目12−28
TEL 054-288-2131
FAX 054-288-2133

詳しくは教英出版で検索
教英出版 ｜ 検索
URL https://kyoei-syuppan.net/

青森県立三本木高等学校附属中学校

令和 6 年度
県立中学校入学者選抜

適 性 検 査 I

時間 55 分
（ 10：00〜10：55 ）

（配点非公表）

── 注　意 ──

1　この用紙は指示があるまで開いてはいけません。

2　用紙は全部で 10 枚（まい）あります。指示にしたがって用紙の右下のすみをめくり，枚数を確認（かくにん）しなさい。枚数が不足していたら，だまって手をあげなさい。

3　すべての用紙の右上の決められた欄（らん）に，受検番号を書きなさい。

4　筆記用具や定規（じょうぎ）の貸し借りはいけません。

5　問題を読むとき，声を出してはいけません。

6　①は放送を聞いて答える問題です。放送による指示で用紙を開き，解答を始めなさい。

7　印刷が悪いとき，筆記用具や定規を落としたとき，用紙が破れたときなどは，だまって手をあげなさい。

8　「やめなさい」の合図で，すぐに筆記用具を置きなさい。また，この用紙は 1 枚目を上にして机（つくえ）の上に置きなさい。

9　この用紙を持ち帰ってはいけません。

── 答えの書き方 ──

1　答えは，問題の指示にしたがって書きなさい。

2　答えを求めるための筆算は，答えを書く欄以外の空いている部分を使いなさい。

3　答えはていねいに書きなさい。答えを書き直すときは，きれいに消してから書きなさい。

（メモ）

※教英出版注
音声は，解答集の書籍ＩＤ番号を
教英出版ウェブサイトで入力して
聴くことができます。

1　　タカシさんとメアリーさんは夏休みの思い出について話しています。

（１）　タカシさんはアメリカ（the U.S.）でどこへ行きましたか。次のア～エから１つ選び，その記号を下の◻に書きましょう。また，その理由を下の◻に日本語で書きましょう。

BOOKS		FLOWER	
ア	イ	ウ	エ

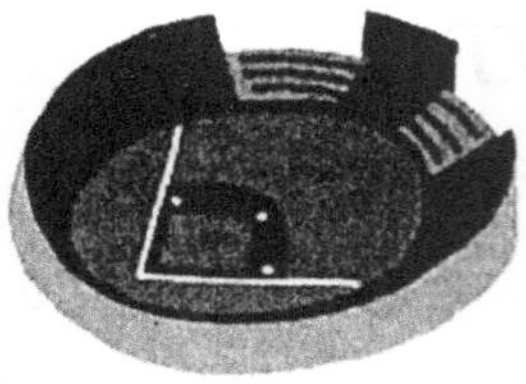

行った場所		理由	

（２）　（１）の場所でタカシさんは何を食べましたか。下の◻にそれぞれ日本語で２つ書きましょう。

（３）　メアリーさんはオーストラリアでどのようなことをしましたか。下の◻にそれぞれ日本語で３つ書きましょう。

2 たろうさんは，ごみを出す手伝いをした後，家族と話し合っています。

たろう：今朝，ごみ集積所にたくさんのごみが出されていたよ。青森県のごみの量はどれくらいなのかな。

お母さん：ごみの量に関する 資料1 と 資料2 を見つけたわよ。

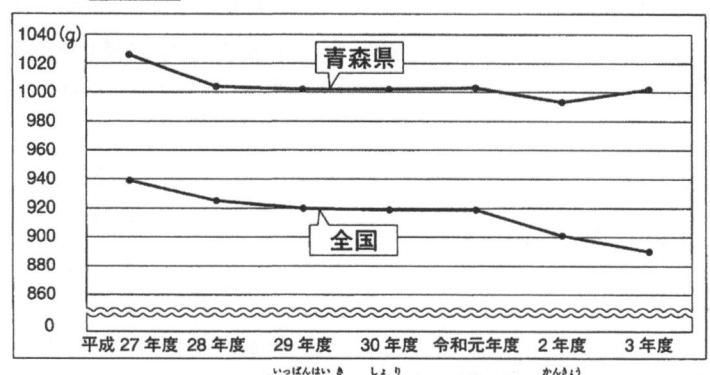

資料1　1人1日あたりのごみのはい出量

【一般廃棄物処理実態調査結果（環境省）より作成】

資料2　1年間のごみの総はい出量（青森県）

平成 27 年度	50.3 万 t
平成 28 年度	48.6 万 t
平成 29 年度	48.0 万 t
平成 30 年度	47.4 万 t
令和 元 年度	46.9 万 t
令和 2 年度	45.8 万 t
令和 3 年度	45.6 万 t

【一般廃棄物処理実態調査結果（環境省）より作成】

お父さん：資料1 では，平成27年度と令和3年度を比べると，青森県の量も全国の量も（　A　）いるけど，青森県の量は，全国の量と比べて多いということが分かるね。

お母さん：資料1 で，青森県の量と全国の量の差は，令和2年度には約（　B　）g あったけれど，令和3年度には約（　C　）g になっているわ。

たろう：でも，資料2 を見ると，令和3年度の青森県のごみの総はい出量は，令和2年度と比べると，（　D　）万t減ったんだね。

（1）　たろうさんたちが話すAにはあてはまる言葉を，B，C，Dにはあてはまる数字を，下の □ にそれぞれ書きましょう。

A		B		C		D	

お母さん：ごみを減らすために，わたしは，使わなくなった物をフリーマーケットに出しているわよ。

たろう：お母さんが話していることは，資料3 の3Rの1つだね。ぼくは，ボールペンのしんを替えるようにして，ごみを減らしていくよ。

お父さん：ごみを分別して出すと，原料にもどし再び使えるようにできるよ。このこともごみを減らすことになるね。

資料3　3Rの内容

リデュース　リユース　リサイクル

【リデュース】はいき物の発生抑制
【リユース】　再使用
【リサイクル】　再資源化

抑制…おさえること

【経済産業省ホームページより作成】

（2）　たろうさんたちが話す＿＿＿線部は，資料3 のリデュース，リユース，リサイクルの，どれにあてはまるか，下の □ にそれぞれ一度だけ使って書きましょう。

お母さん		たろう		お父さん	

お母さん

レジ袋やストローなどの使い捨てプラスチックのことも話題になっているわね。使い捨てプラスチックの年間総はいき量は，世界全体で1億3000万tもあるそうよ。

たろう

使い捨てプラスチックの年間総はいき量が多い国について，資料4を見つけたよ。

お父さん

資料4をもとに1人あたりの年間はいき量を計算すると，資料5になるよ。資料4と資料5を合わせて考えると，日本の使い捨てプラスチックのはいき量についての特ちょうが見えてくるね。

資料4　使い捨てプラスチックの年間総はいき量（2019年）

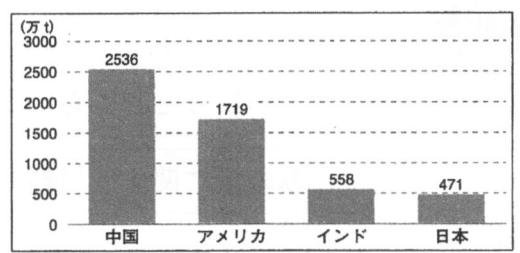

【日本エシカル推進協議会ホームページより作成】

資料5　1人あたりの使い捨てプラスチックの年間はいき量（2019年）

アメリカ	約 53 kg
日本	約 37 kg
中国	約 18 kg
インド	約 4 kg

【日本エシカル推進協議会ホームページより作成】

（3）　お父さんが話す＿＿＿線部について，資料4と資料5をもとに考えて，下の□□□に書きましょう。

　　　　　　　　　　　　　　　　　　　　　　　　　　　　　　　

〜たろうさんたちは，ショッピングセンターに行きました。〜

たろう

牛乳のちん列だなを見たら，資料6のように商品が並んでいて，そばには資料7のようなポップがはってあるよ。

食品ロスを減らす取り組みね。食べられるのに捨てられる食品の量は，令和3年度は約523万tになったそうよ。日本人1人あたり，年間約41kgの食品を捨てていることになるわね。わたしは，手前にある商品を買うことで，お店から出る食品ロスを減らすことに協力しているわ。

お母さん

資料6　牛乳のちん列だな

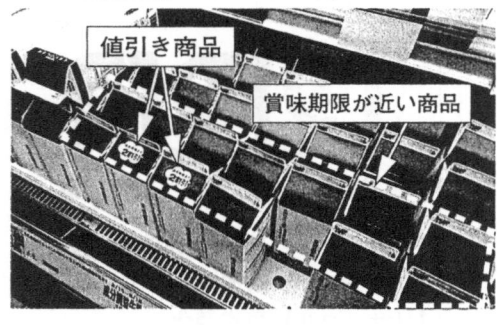

資料7　ちん列だなにはってあるポップ

【環境省ホームページより作成】

（4）　お母さんが話す＿＿＿線部とはどういうことか，資料6と資料7をもとに考え，下の□□□に書きましょう。

3　たろうさんは，家族と旅行の計画を立てています。

たろう
歴史学習で学んだ遺跡や文化財を見学したいと思って，資料1にまとめたよ。

お母さん
資料1の①〜④は，それぞれの時代を代表するものだね。それらを時代の古い順に見ていくと，日本人の生活や文化の変化が分かるでしょうね。時代の古い順にならべかえられるかな。

お父さん
資料1の①〜④の中には，お父さんも行ったことがないところがあるよ。それぞれがどの都道府県にあるか分かっているかな。資料2の地図を使って確認してみよう。

資料1　見学希望リスト
① 金閣
② 仁徳天皇陵古墳（大仙古墳）
③ 吉野ヶ里遺跡
④ 東大寺の大仏

資料2　地図
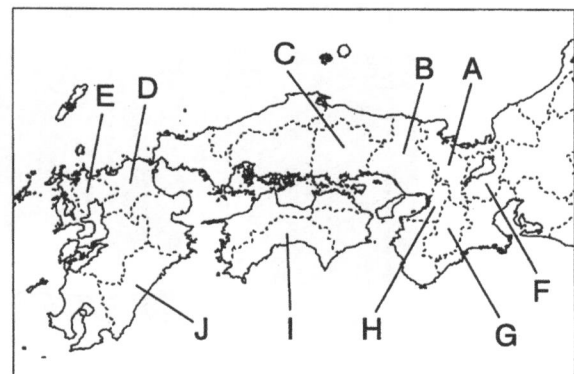

（1）　資料1の①〜④を関係する時代の古い順にならべかえ，下の□□□に書きましょう。また，①〜④がある都道府県の位置を，資料2にあるA〜Jから選び，下の□□□にそれぞれ記号を書きましょう。

【ならべかえ】	→	→	→
①		②	
③		④	

お母さん
吉野ヶ里遺跡は，当時の建物やくらしの風景が再現されていて，人々が住んでいた（　⑤　）住居や，食べ物などを保管した高床倉庫が復元されているみたいだよ。私も見てみたいわ。

たろう
資料3を見つけたよ。この時代には，むらのまわりが深いほりやさくで囲まれたり，高い物見やぐらがつくられたりしたようだよ。どうしてこのようなものが必要だったのかな。

資料3　吉野ヶ里遺跡の様子

【吉野ヶ里歴史公園ホームページより作成】

（2）　お母さんが話す⑤にあてはまる言葉を，下の□□□に書きましょう。また，たろうさんが話す＿＿＿線部について，この時代にそれらが必要だった理由を，「米」「むら」の2つの言葉を使って下の□□□に書きましょう。

⑤	
理由	

たろう

旅行に行く前に行き先の観光情報を調べてみたいけれど，観光情報は，どのように発信されているのかな。

観光情報は，多くの地域で，いろいろな方法で発信されているのよ。資料4 や 資料5 は，どちらも私たちが住む十和田市の冬の観光情報よ。同じような情報が，パンフレットと，インターネットサイトの両方で発信されているわ。どちらにもよさはあるけれど，資料5 の インターネットサイトの観光情報のよさ について分かるかしら。

お母さん

資料4　パンフレットの観光情報

冬

奥入瀬渓流氷瀑ツアー

冬
12月上旬〜2月中旬　　ウインターイルミネーション
1月中旬〜3月中旬　　奥入瀬渓流氷瀑ツアー
2月上旬〜下旬　　十和田湖冬物語

【十和田市観光パンフレット「とわだ旅」より作成】

資料5　インターネットサイトの観光情報

	ニュース	おすすめ一覧	アクセス	ストア	検さく
TOWADA TRAVEL	体験する	宿泊する	食べる	十和田奥入瀬観光機構とは	

イベント

奥入瀬・焼山　冬

奥入瀬渓流氷瀑ツアー
2022-12-16　〜　2023-03-12

ニュース
NEW‼新着‼
「第25回十和田湖冬物語2023」
1月27日から開さいのお知らせ
　　　　　　2023-01-03　十和田湖
- -
奥入瀬冬のかまくらごはん＆スイーツ
『奥入瀬かまくらドームレストラン』
12月23日（金）オープン！
　　　　　　2022-12-12　十和田湖
- -
「十和田湖冬キャンプ」利用受け入れ開始
　　　　　　2022-12-12　十和田湖

【十和田奥入瀬観光機構ホームページより作成】

（3）　お母さんが話す＿＿＿線部について，資料4 と 資料5 を比べて2つ考え，下の　　　　にそれぞれ書きましょう。

たろう

インターネットの情報は，旅行の計画などに，とても役立つね。

お母さん

インターネットの情報は，旅行者だけでなく，観光に関わる人たちにも役立っているそうよ。

お父さん

資料6 のように，私たちがインターネットサイトを利用した情報を，観光に関わる人たちは分せきし，活用しているんだよ。

資料6　情報の活用

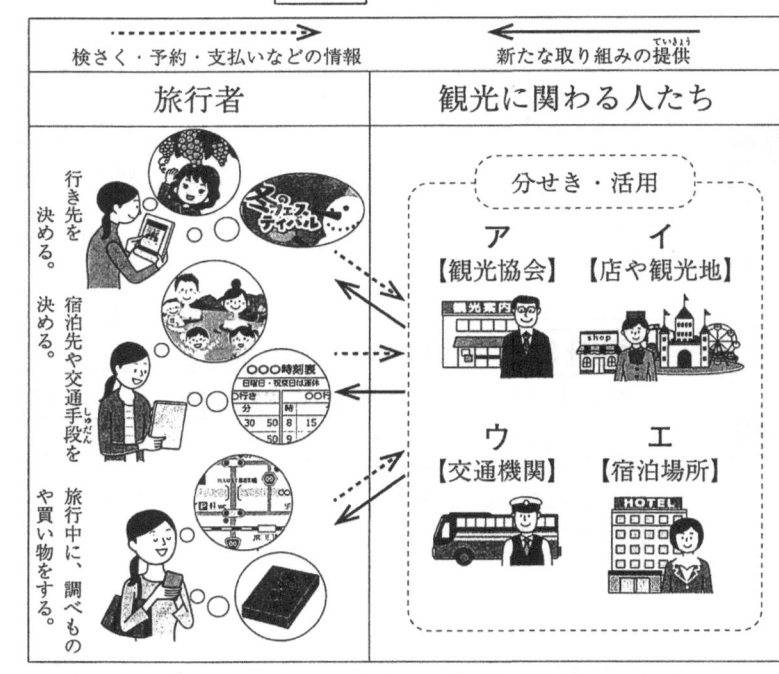

検さく・予約・支払いなどの情報　　　　新たな取り組みの提供

旅行者	観光に関わる人たち

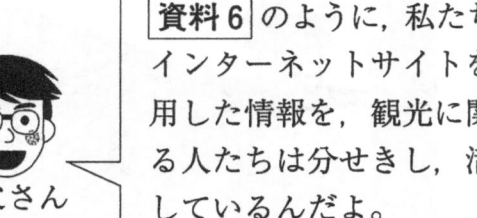

行き先を決める。
宿泊先や交通手段を決める。
旅行中に，調べものや買い物をする。

分せき・活用

ア【観光協会】　　イ【店や観光地】

ウ【交通機関】　　エ【宿泊場所】

（4）　資料6 のア〜エの立場から1つ選び，その立場の人は，どのような情報を分せきし，どのように活用しているか，資料6 をもとに考え，下の　　　　に書きましょう。ただし，[　　]にはア〜エの中から選んだ立場の記号を書くこと。

選んだ立場	
[　　]	

4 たろうさんたちは，放送委員会の今年度の活動をふり返っています。

> みんなの意見をもとに，児童会総会で示す**活動報告書**をまとめてみたよ。

活動報告書

　　　　放　送　委　員　会

1　活動のめあて

- ・正確に，分かりやすく，聞き取りやすい声で放送しよう。
- ・給食時間を楽しむことができる放送にしよう。

2　新しく取り組んだ活動内容

- ・放送委員が選んだなぞなぞを放送する【なぞなぞの日】を週一日設定。
- ・聞きたい曲をぼ集し，それを放送する【リクエストの日】を週二日設定。

3　活動のふり返り

　　今年度は，新しく次の二つの活動に取り組みました。
　　一つ目は，【なぞなぞの日】です。図書室にあるなぞなぞの本から，放送委員が10個選んで出題しました。おそらく，なぞなぞが得意な人ばかりではないと考え，答えがすぐに分かりそうな易しい問題を中心に出題しました。　ア　なぞなぞが得意でない人にも楽しんでもらえたと思います。
　　二つ目は，【リクエストの日】です。好きな曲の入ったＣＤを各自が順備してくれたことで，放送室にないさまざまな種類の曲を放送することができてよかったです。　イ　集まったすべての曲を放送できるように，時間を測りながら放送することは大変でした。
　　それでも，これらの活動を通してみんなの給食時間が楽しいものになったと思うのでよかったです。

> 活動のふり返りには，二つの漢字がまちがって使われているよ。

（1）　活動のふり返りに書かれてあるまちがって使われている漢字を二つさがし，<u>正しく直した漢字一字</u>を下の　　にそれぞれ書きましょう。

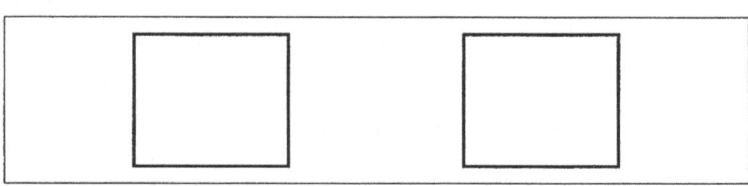

> 　ア　と　イ　のところにはつなぎ言葉を入れると，意味が分かりやすい文章になるよ。つなぎ言葉の後に，読点も付けてね。

（2）　活動のふり返りのアとイにあてはまる三文字のつなぎ言葉を，読点を付けて下の　　　　にそれぞれ書きましょう。

ア		イ	

> 「おそらく，なぞなぞが得意な人ばかりではない」の部分には，
> 「おそらく」と組みになって使われる言葉を書きたすことで，
> 意味が分かりやすくなると思うよ。

（3）　たけしさんが話したことをもとに，**活動のふり返り**にある「おそらく，なぞなぞが得意な人ばかりではない」の部分に，「おそらく」と組みになって使われる三文字の言葉を下の［　　　］に書きましょう。

> おそらく，なぞなぞが得意な人ばかりではない ［　　　｜　　　］ と考え，

～放送委員会から全校児童へのお知らせを放送することになりました。～

たろう：放送の**原こう**を作ってみたよ。

原こう

> 　私たちは放送室で給食を食べるみなさんの顔を思いうかべながら放送しています。みなさんに楽しんでもらいたいと考え，委員会の時間にたくさん練習をしていらっしゃいます。楽しんでもらえると思いますので，期待して聞いてね。

ともこ：**原こう**にある「私たちは放送室で給食を食べるみなさんの顔を思いうかべながら放送しています。」の一文は，みんなが放送室で給食を食べているとまちがって伝わりそうだね。適切な位置に読点を打ったらよいと思うな。

（4）　ともこさんが話したことをもとに，みんなが放送室で給食を食べているとまちがって伝わることを防ぐために，**打ち方の例**にならって，下の［　　　］の中の適切な位置一つに読点を打ちましょう。

打ち方の例
> 今年は活動の重点として次の二つを行った。

> 私たちは放送室で給食を食べるみなさんの顔を思いうかべながら放送しています。

ひとみ：**原こう**の＿＿＿＿線部は，ていねい語が使われていないところと，敬語がまちがって使われているところがあるよ。正しく放送ができるように，＿＿＿＿線部の全文を書き直しておいた方がよいと思うよ。

（5）　ひとみさんが話したことをもとに，**原こう**の＿＿＿＿線部のていねい語が使われていないところと敬語がまちがって使われているところを適切なていねい語にし，＿＿＿＿線部全文を下の原こう用紙に70字以内で書きましょう。

1字									10字										20字

～児童会総会後に来年度の活動について話し合うことにしました。～

たろう

各学級の代表24人全員に，新しく取り組んだ活動についてアンケートを
とってみたよ。その結果をもとに，いっしょに考えてくれないかな。

アンケート結果

1　次の活動は楽しかったですか。

	は　い	いいえ
・なぞなぞの日	24	0
・リクエストの日	24	0

2　次の活動は来年度も続けた方がよいですか。

	よ　い	よいが課題もある	よくない
・なぞなぞの日	20	4	0
・リクエストの日	19	5	0

3　2で「よいが課題もある」「よくない」と答えた人に聞きます。その課題とは何ですか。

【なぞなぞの日について】
　・問題が難しかったこと。（2年生）
　・簡単な問題が多かったこと。（6年生）
　・同じ問題が出たこと。（3年生）
　・早口で放送の声が聞き取りにくいことがあったこと。（4年生）

【リクエストの日について】
　・一週間で二日とも同じ曲が放送されたことがあったこと。（6年生，5年生）
　・リクエストが多い日は，一曲あたりの放送時間が短かったこと。（6年生，5年生）
　・ふだん聞かない外国の曲が多かったこと。（6年生）

ともこ

まずは，なぞなぞの日について考えましょう。**アンケート結果の1と2の**
それぞれから　　ウ　　と分かるので，来年度も続けてよいと思うな。

改善も必要だね。**アンケート結果の3には，**　　エ　　とあるので，
放送する前には練習を重ねてはっきりと伝わる声でゆっくり話すように
しよう。今年度よりもっと楽しんでもらうために，問題の難しさについて
は，　　オ　　といった工夫をして出題することも必要だね。

たけし

（6）　ともこさんやたけしさんが話す**ウ～オ**にあてはまる内容を，下の　　　　　
　　　にそれぞれ書きましょう。ただし，**アンケート結果**の内容をもとにすること。

ウ	
エ	
オ	

たろう　次は，リクエストの日について考えようよ。

さちこ　リクエストの日も続けた方がよいと思うな。でも，**アンケート結果**を見ると課題もあったので，それを改善することで，今年度以上に楽しんでもらえそうだね。

（7）　来年度のリクエストの日を今年度以上に楽しんでもらえる活動にするために，あなたなら，放送委員会にどのような提案をしますか。**アンケート結果**をもとにして，**＜条件＞**にあわせて提案する文章を書きましょう。

＜条件＞①　三段落で構成し，10行以上，12行以内で書くこと。
　　　　　②　第一段落は，改善が必要と思う課題を**アンケート結果の 3** から一つ選んで書いたうえで，改善しないことで予想される問題点を書くこと。
　　　　　③　第二段落は，提案する内容を具体的に書くこと。
　　　　　④　第三段落は，その提案が実現することで，どのような効果が予想されるかを書くこと。

1字　　　　　　　　　　　　　　　10字　　　　　　　　　　　　　　　20字

10行

12行

これから $\boxed{1}$ を始めます。問題用紙の２枚目を開いてください。（３秒）タカシさんとメアリーさんの会話を聞いて（１）から（３）の質問に答えましょう。会話が流れる回数は１回です。聞いている間に，メモを取っても構いません。（２秒）書き終わった人から，３枚目の $\boxed{2}$ 以降の問題へ進んでください。

それでは始めます。（３秒）

メアリー	:	Tell me about your summer vacation, Takashi?
タカシ	:	I went to the U.S.!
メアリー	:	Oh, that's nice! You went to the U.S.
タカシ	:	Yes. And I went to a baseball stadium. I like baseball.
	:	I enjoyed watching a baseball game. It was exciting.
	:	I ate a hamburger and a sandwich in the stadium. It was delicious.
メアリー	:	Wow! You enjoyed your summer vacation!
タカシ	:	How was your summer vacation, Mary?
メアリー	:	I went to Australia.
	:	I went to the zoo. I saw koalas.
	:	I saw Ayers Rock. It was big.
	:	I ate steak. It was good.
	:	I watched a rugby game. It was great.

以上で放送による問題を終わります。

受検番号

令和 6 年度
県立中学校入学者選抜

適性検査 II

時間 45 分
（ 11：15〜12：00 ）

（配点非公表）

── 注　意 ──

1　この用紙は「始めなさい」の合図があるまで開いてはいけません。

2　用紙は全部で 9 枚あります。指示にしたがって用紙の右下のすみをめくり，枚数を確認しなさい。枚数が不足していたら，だまって手をあげなさい。

3　すべての用紙の右上の決められた欄に，受検番号を書きなさい。

4　筆記用具や定規の貸し借りはいけません。

5　問題を読むとき，声を出してはいけません。

6　「始めなさい」の合図で用紙を開き，解答を始めなさい。

7　印刷が悪いとき，筆記用具や定規を落としたとき，用紙が破れたときなどは，だまって手をあげなさい。

8　「やめなさい」の合図で，すぐに筆記用具を置きなさい。また，この用紙は 1 枚目を上にして机の上に置きなさい。

9　この用紙を持ち帰ってはいけません。

── 答えの書き方 ──

1　答えは，問題の指示にしたがって書きなさい。

2　答えを求めるための筆算は，答えを書く欄以外の空いている部分を使いなさい。

3　答えはていねいに書きなさい。答えを書き直すときは，きれいに消してから書きなさい。

受検番号

1　たろうさんたちは，家の畑でとれたじゃがいもの量について話しています。

たろう

> ぼくの家では，64m²の畑から，じゃがいもが80kgとれたよ。

> わたしの家では，70m²の畑から，じゃがいもが98kgとれたよ。
ともこ

たけし

> 1m²あたりにとれたじゃがいもの量は，どちらの家の畑がどれだけ多いのかな。

（1）　1m²あたりにとれたじゃがいもの量は，どちらの家の畑がどれだけ多いのかを求めます。求め方を下の　　　　に書き，名前と量を（　　　）にそれぞれ書きましょう。

[求め方]

（　　　　）さんの家の畑が（　　　　）kg 多い

　たろうさんたちは，近所の家（25けん）の畑でとれたじゃがいもの量を，ドットプロットに表しました。

近所の家の畑でとれたじゃがいもの量

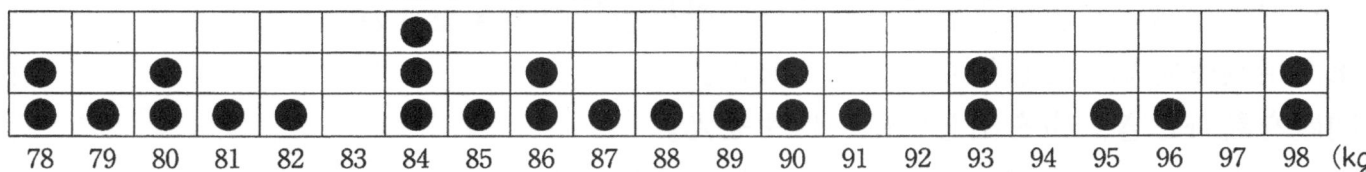

78　79　80　81　82　83　84　85　86　87　88　89　90　91　92　93　94　95　96　97　98　(kg)

たけし

> ぼくの家の畑では，じゃがいもが87kgとれたよ。近所の家の畑でとれたじゃがいもの量の中では，とれた量が多いほう，少ないほうどちらといえるのかな。中央値を求めて考えてみるよ。

（2）　たけしさんの家の畑でとれたじゃがいもの量は，近所の家の畑でとれたじゃがいもの量の中では，とれた量が多いほう，少ないほうどちらといえるのでしょうか。中央値を求めたうえで，下の　　　　に書きましょう。

たろうさんと妹のさゆりさんは，とれたじゃがいもをおじさんの家へ届けに行きます。

お父さん

> おじさんの家への行き方は，下のメモのとおりだよ。

おじさんの家への行き方
- 家を出て，近所のバス停まで歩く（3分間）。
- 近所のバス停からバスに乗り，図書館のバス停で降りる。
- 図書館のバス停から，A駅まで歩く（7分間）。
- A駅から電車に乗り，B駅で降りる。
- B駅からおじさんの家まで歩く（5分間）。

さゆり

> バスと電車には，どのくらい乗るのかな。

お父さん

> バスに乗っている時間は全体の $\frac{1}{4}$ で，電車に乗っている時間は全体の $\frac{1}{2}$ だよ。図に表すと，下のようになるよ。

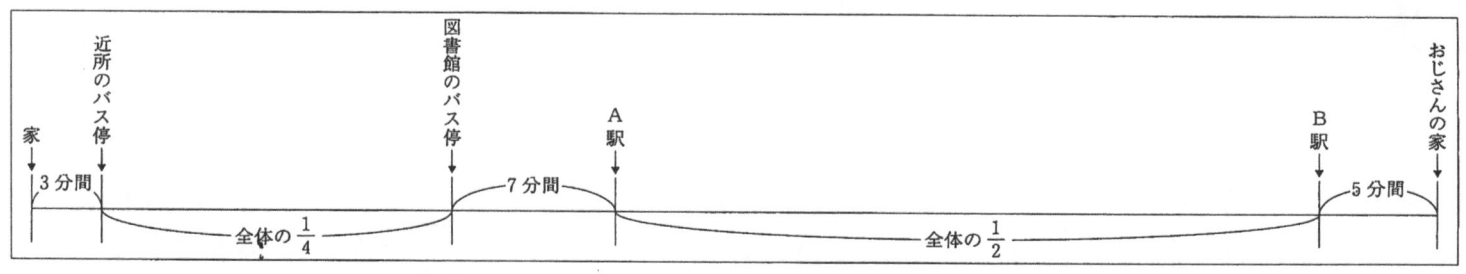

図

たろう

> 家を出てからおじさんの家に着くまでにかかる最短の時間は，何分間かな。

（3） 家を出てからおじさんの家に着くまでにかかる最短の時間を求めます。求め方を下の　　　に書き，時間を（　　　）に書きましょう。ただし，バスや電車がバス停や駅に来るまでの待ち時間や，バスや電車に乗り降りするためにかかる時間は，考えないこと。

[求め方]

家を出てからおじさんの家に
　　着くまでにかかる最短の時間は（　　　）分間

---

2 たろうさんたちは，美術館に来ました。

たろう

工作コーナーでは，紙からいろいろな形を切りぬく体験ができるよ。

ぼくは，図のように正六角形の形を切りぬいたよ。正六角形は，線対称にも点対称にもなっているよ。正六角形の対称の軸は何本あるのかな。

たけし

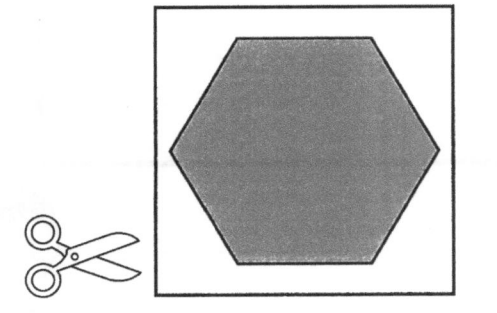
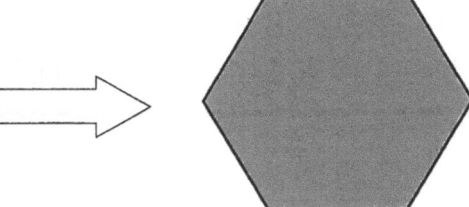

図

正六角形の対称の軸は ア 本あるよ。わたしは，点対称になっているけれど線対称にはなっていない六角形を切りぬくよ。どんな六角形か分かるかな。

ともこ

（1）　ともこさんが話す ア にあてはまる数を下の □ の（　　　）に，また，点対称になっているけれど線対称にはなっていない六角形を，下の □ の方眼にかきましょう。ただし，点Oが対称の中心になるようにかくこと。

正六角形の対称の軸は（　　　）本

[点対称になっているけれど線対称にはなっていない六角形]

O

たろうさんたちは，2つの形を見ながら話しています。

 たろう

図1と図2には，どちらも円と正方形があるね。

図1には直径10cmの円の中にぴったり入る正方形があり，図2には直径10cmの円がぴったり入る正方形があるよ。

 たけし

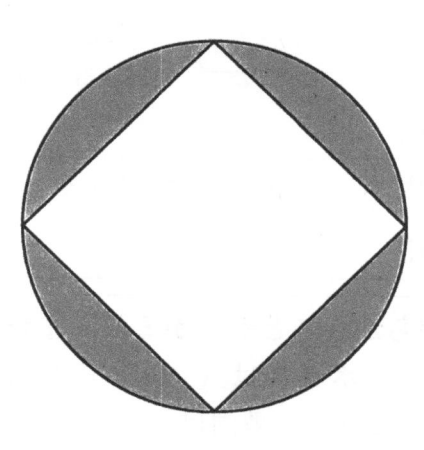

図1

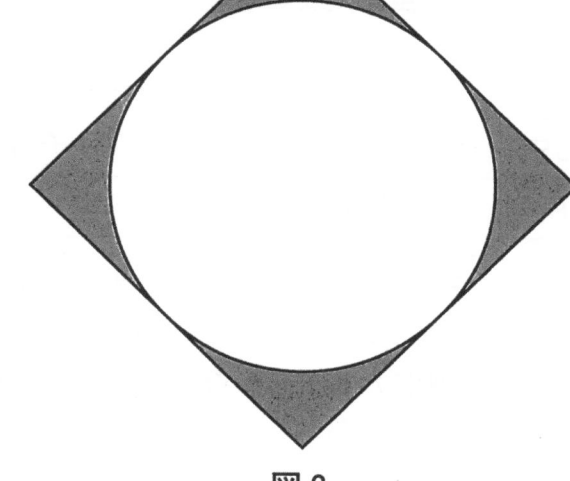

図2

ともこ

図1と図2の，色がついた部分の面積の差はどれくらいなのかな。

（2） 色がついた部分の面積の差を求めます。求め方を下の ◻ に書き，面積の差を（　　　）に書きましょう。

[求め方]

色がついた部分の面積の差は（　　　　　　）cm²

3　たろうさんたちは，今年1年間に見つけた生き物の様子について話し合っています。

たろう
オオカマキリのたまごが入っているらんのうが，植物のくきや枝についていたよ。春になると，たまごからかえるんだよね。

ともこ
モンシロチョウ，アキアカネ，トノサマバッタも，オオカマキリのように植物のくきや枝にたまごを産むのかな。

ひとみ
こん虫がたまごを産む場所を調べたら，表1のようになったよ。

オオカマキリの
たまごが入って
いるらんのう

表1　こん虫がたまごを産む場所

こん虫	オオカマキリ	モンシロチョウ	アキアカネ	トノサマバッタ
場所	くきや枝	葉	水の中	土の中

たけし
表1から，こん虫によって，たまごを産む場所がちがうことが分かるね。また，エンマコオロギは（　①　）と同じ場所に，ゲンジボタルは（　②　）と同じ場所にたまごを産むよ。アキアカネが水の中にたまごを産む理由は，（　③　）と考えられるね。

（1）　たけしさんが話す①～③にあてはまる言葉を，下の□□□にそれぞれ書きましょう。
　　　ただし，①と②には，表1のこん虫の中から1つずつ選んで書くこと。

①		②	
③			

ともこ
オオカマキリは，たまごの姿で冬ごしをするけれど，ナナホシテントウ，カブトムシ，アゲハはどのような姿で冬ごしをするのかな。

こん虫が冬ごしをするときの姿について調べたら，表2のようになったよ。

ようこ

表2　こん虫が冬ごしをするときの姿

こん虫	オオカマキリ	ナナホシテントウ	カブトムシ	アゲハ
姿	たまご	（　④　）	（　⑤　）	（　⑥　）

（2）　表2の④～⑥にあてはまる言葉を，下の□□□にそれぞれ書きましょう。

④		⑤	
⑥			

たろう：ところで，植物は，冬の間はどうしているのかな。

ようこ：かれる植物と，かれない植物があるね。下のA～Eの5つの植物を，かれる植物と，かれない植物に分けてみよう。

| A | タンポポ | B | アサガオ | C | ヒマワリ | D | アジサイ | E | ホウセンカ |

（3）ようこさんが話す＿＿＿線部について，下の□□□にあてはまる記号をすべて書きましょう。

かれる植物		かれない植物	

ひとみ：植物の冬ごしの様子について調べたら，表3のようになったよ。

表3　植物の冬ごしの様子

植物	ヘチマ	ススキ	サクラ	アカマツ
様子	（　⑦　）を残している	くき，根，（　⑦　）を残している	枝に（　⑧　）がついている	枝に葉がついている

（4）表3の⑦と⑧にあてはまる言葉を，下の□□□にそれぞれ書きましょう。

⑦		⑧	

ともこ：冬のナズナを観察して，カードに記録したよ。

たけし：冬をこすときに，地面にはりつくようにして葉を広げる理由は，風，日光に関係があると思うよ。

ナズナの観察カード
2月6日（月）
時刻 13時
天気 晴れ
気温 5.4℃
地面にはりつくようにして，葉を広げていた。

（5）ナズナが冬をこすときに，地面にはりつくようにして葉を広げる理由について，たけしさんが話す＿＿＿線部をもとにして2つ考え，下の□□□にそれぞれ書きましょう。

4 たろうさんたちは，科学実験クラブで砂糖を水にとかそうとしています。

たろう

砂糖は水にどれくらいとけるんだろう。食塩は，水の温度が20℃で50 mL のとき，さじですりきり9はい目までとけたね。

スポイト

ひとみ

水を50 mL 準備して，砂糖をとかしてみましょう。

水の量を正確に量るためには，メスシリンダーとスポイトを使うよ。
次の4つの手順に気を付けて水の量を量ってみよう。
①メスシリンダーは（　A　）なところに置く。
②量り取ろうとする体積よりも（　B　）入れる。
③水の量を調整するときは，（　　C　　）。
④目もりは，液面の（　D　）部分を真横から読む。

たけし

メスシリンダー

（1）　A～Dにあてはまる言葉を，下の　　　　にそれぞれ書きましょう。

A		B	
C			
D			

ともこ

水の温度が20℃で50 mL の水に，砂糖はさじですりきり何はいとけるか調べたよ。すりきり1ぱいの砂糖を水に入れたら，すべてとけ切るまでかき混ぜて，とけ切ったら次の1ぱいを水に入れたよ。砂糖を水にとかした結果は，**表**のようになったよ。

すりきり1ぱいをとる様子

表

砂糖の量（はい）	1	2	3	4	5	6	7	8	9	10	…	100	101	102	103
砂糖がとけ切ったかどうか	○	○	○	○	○	○	○	○	○	○	…	○	○	○	×

ひとみ

この結果から，砂糖は食塩と比べて（　　E　　）ことが分かったね。また，砂糖も食塩もとけ残りが出たということから，どちらも（　　F　　）ということが分かったね。

（2）　ひとみさんが話すEとFにあてはまる言葉を，下の　　　　にそれぞれ書きましょう。

E	
F	

ともこ

水の温度が 40℃，60℃のとき，砂糖はさじですりきり何はいとけるか調べてみたいな。

たろうさんが考えた方法

たけしさんが考えた方法

温度計　ガラス棒　ビーカー

温度計　ガラス棒　お湯を入れた容器

たろう

ぼくは，砂糖をとかすビーカーをアルコールランプで温める方法がよいと思うよ。

たけし

たろうさんが考えた方法は，正確な結果を得られないと思うから，ぼくは，砂糖をとかすビーカーを，お湯を入れた容器に入れて温める方法を考えたよ。

（3）　たけしさんが話す＿＿＿＿線部について，正確な結果を得られない理由を，下の◯◯◯に書きましょう。

ともこ

50 mL の水の温度を変えたときと，20℃の水の体積を変えたとき，砂糖と食塩がすりきり何はいとけるか調べたら，**グラフ1**と**グラフ2**のような結果になったよ。

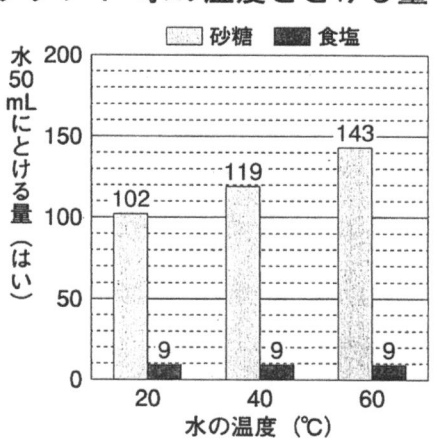

グラフ1　水の温度ととける量

水50 mL にとける量（はい）
砂糖　食塩
102　9　（20℃）
119　9　（40℃）
143　9　（60℃）
水の温度（℃）

グラフ2　水の体積ととける量

水の温度20℃のときのとける量（はい）
砂糖　食塩
102　9　（50 mL）
204　18　（100 mL）
306　27　（150 mL）
水の体積（mL）

（4）　砂糖や食塩のとけ方を比べて，**グラフ1**と**グラフ2**から分かることを，下の◯◯◯にそれぞれ書きましょう。

グラフ1	
グラフ2	

たろう

2つのビーカーに20℃の水 150 mL を入れ，砂糖と食塩をそれぞれさじですりきり27はいとかしたあと，そのままの温度で少し休んでいたら，どちらが何をとかした水なのか分からなくなってしまったよ。味を確かめないで，どのようにしたら確かめることができるかな。

（5）　砂糖をとかした水か，食塩をとかした水かを確かめるには，どのようにするとよいでしょうか。**2とおりの方法**とその**結果**を考え，下の◯◯◯にそれぞれ書きましょう。

方法		結果	
方法		結果	

受検番号

青森県立三本木高等学校附属中学校

令和 5 年度
県立中学校入学者選抜

適 性 検 査 Ⅰ

時間 45 分
（ 10：00〜10：45 ）

（配点非公表）

--- 注　意 ---

1　この用紙は「始めなさい」の合図があるまで開いてはいけません。
2　用紙は全部で9枚あります。指示にしたがって用紙の右下のすみをめくり，枚数を確認しなさい。枚数が不足していたら，だまって手をあげなさい。
3　すべての用紙の右上の決められた欄に，受検番号を書きなさい。
4　筆記用具や定規の貸し借りはいけません。
5　問題を読むとき，声を出してはいけません。
6　「始めなさい」の合図で用紙を開き，解答を始めなさい。
7　印刷が悪いとき，筆記用具や定規を落としたとき，用紙が破れたときなどは，だまって手をあげなさい。
8　「やめなさい」の合図で，すぐに筆記用具を置きなさい。また，この用紙は1枚目を上にして机の上に置きなさい。
9　この用紙を持ち帰ってはいけません。

--- 答えの書き方 ---

1　答えは，問題の指示にしたがって書きなさい。
2　答えを求めるための筆算は，答えを書く欄以外の空いている部分を使いなさい。
3　答えはていねいに書きなさい。答えを書き直すときは，きれいに消してから書きなさい。

1　　たろうさんたちは，平安時代の政治や文化について調べています。

たろう：この時代は，貴族が大きな力をもっていた時代だったね。この時代に関係した人物について，資料1のカードにまとめてみたよ。

資料1　平安時代の政治や文化に関係した人物についてまとめたカード

人物
藤原道長（ふじわらのみちなが）

自分のむすめを（　A　）と結婚させ（　A　）とのつながりを強くし，大きな力をもって政治を進めた。藤原氏などの貴族たちは，自分がくらす建物を中心に，たくさんの建物や大きな庭，池が配置された（　B　）という広い立派な屋しきでくらしていた。

人物
（　C　）

和歌をよむことや文章を書くことにすぐれた才能があった女性で，「源氏物語」を書いた。貴族のむすめの世話をしたり勉強を教えたりして朝廷に仕えた。（　C　）をはじめ，朝廷に仕えた女性の正装は（　D　）とよばれ，何枚もの着物を重ねて着ていた。

（1）　資料1の中のA～Dにあてはまる言葉を，下の　　　にそれぞれ書きましょう。

A		B	
C		D	

たろう：「源氏物語」は平安時代に作られた文字で書かれたようだね。文字について調べていたら，資料2と資料3を見つけたよ。

ひとみ：資料2を見ると，漢字で書かれているね。漢字などの文化や様々な技術が（　E　）から伝わってきたよ。資料3は，「源氏物語」で使われている文字と同じようだよ。

たろう：どうして，資料3のような文字が使われるようになったのかな。

ひとみ：平安時代の中ごろに（　E　）から多くの文化を伝えた（　F　）がはい止されたこともえいきょうして，新たに日本の風土に合った文化が生まれたよ。そして，日本独自の文字として，資料3のような（　G　）文字が使われるようになったのよ。

資料2　奈良時代に書かれた文字

劫　被　非　性
餘　擒　甜　重
逢　膝　然　非
五　粘　来　無
濁　　翻　重
途　　近　誇

【宮内庁ホームページより作成】

資料3　平安時代に書かれた文字

【東京国立博物館
ホームページより作成】

（2）　ひとみさんが話すE～Gにあてはまる言葉を，下の　　　にそれぞれ書きましょう。

E		F	
G			

たろう：平安時代までに書かれた 資料4 の５つの書物を見つけたよ。
書物の特ちょうをもとに，２つに分けてみたよ。

資料4 たろうさんが見つけた５つの書物

| ア 源氏物語 | イ 風土記 | ウ 日本書紀 | エ 枕草子 | オ 古事記 |

（３） たろうさんは，書物の特ちょうをもとに，資料4 のア～オの５つの書物を２つに分けました。下の表のそれぞれの □ にあてはまる記号をすべて書き，表を完成させましょう。

表　たろうさんが考えた分け方

特ちょう	天皇や朝廷の命令で，国の成り立ちや人々の生活の様子などを書いている	貴族のくらしや自然の変化，人物の心の動きなどを自由に書いている
書物		

資料5 藤原道長が書いた日記の一部

| 寛弘２年７月２９日
相撲を見た。午後になって天皇がいらっしゃった。
日がくれたころ，天皇の判断で，相撲を止めた。 |
| 寛弘３年３月４日
花の宴を開き，お題に合わせて和歌をよんだ。宴会の食事は銀器を用いていた。船の上でひろうされた音楽や舞を，天皇はご覧になった。 |
| 寛弘３年７月３０日
天皇が大臣たちへ，近くに座って相撲を見るようにおっしゃった。この時，内大臣は決まった通路を歩かず，天皇の後ろ側を歩いて席に着いたが，この作法はとても失礼である。他の大臣たちは決まった通路を歩き，正しい作法で席に着いた。 |
| 寛弘４年３月３日
曲水の宴を開いた。東側の池から流れている川の岸に，座る場所とすずりを用意し，和歌をよむ準備をした。南側には位の高い人の席を設けた。 |

【御堂関白記より作成】

たろう：資料5 も見つけたよ。

ひとみ：資料5 には，年中行事のくわしい様子や，行事がくり返されていることが書かれているね。年中行事とは，貴族がしていた行事や儀式のことで，資料6 のように１年を通してたくさんあったようだね。

たろう：藤原道長は，「重要なことは，日記をつけるように」というおじいさんの教えを守って，日記を書き続けていたそうだよ。

資料6 平安時代の主な年中行事

春… ３月　和歌や花見などを楽しむ行事【宴】
夏… ５月　菖蒲をかざり災いをさける行事【除災・はらい】
秋… ７月　天皇が相撲を観覧する儀式【武芸】
冬…１２月　罪やけがれをはらい清める儀式【除災・はらい】
【政治・神事・仏事・学問】など，年間で４０以上の行事があった。

（４） たろうさんが話す＿＿＿線部について，藤原道長のおじいさんが日記をつけるように教えた理由を，資料5 と 資料6 をもとに考え，下の □ に書きましょう。

2 　たろうさんたちは，日本の近くの海で行っている漁業について話しています。

資料1　日本の漁業別　　　　資料2　海流の様子と日本で　　　資料3　日本のまわりの海の深さ
　　　　生産量の割合　　　　　　　　水あげされる主な水産物

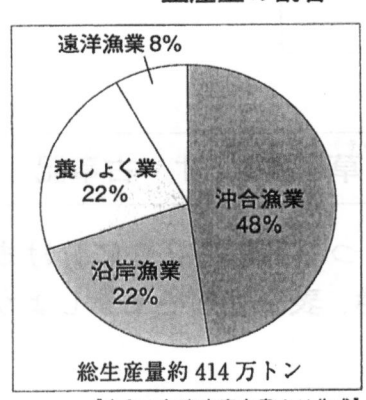
遠洋漁業8%
養しょく業 22%
沖合漁業 48%
沿岸漁業 22%
総生産量約414万トン
【令和2年度水産白書より作成】

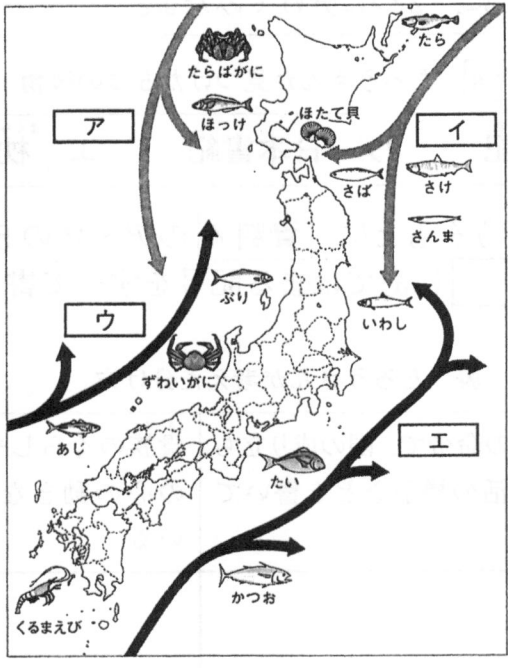
ア
イ
ウ
エ
たらばがに
ほっけ
ほたて貝
たら
さば
さけ
さんま
ぶり
ずわいがに
いわし
あじ
たい
くるまえび
かつお

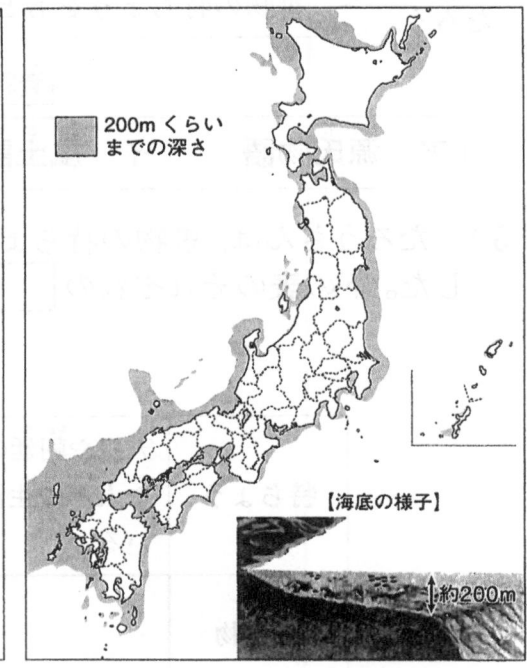
200mくらいまでの深さ
【海底の様子】
約200m

　　資料1 を見ると，日本の近くの海で漁をする沖合漁業や沿岸漁業の生産量の割合が，合わせて70%になっていることが分かるね。日本の近くの海で漁をする理由を考えてみよう。 ── たろう

　　理由の1つは，海流が関係しているのよ。 資料2 を見ると，（　ア　）と（　イ　）は寒流，（　ウ　）と（　エ　）は暖流ともいうわ。特に，日本の近くの海で寒流と暖流がぶつかるところにはたくさんの魚が集まるのよ。 ── お母さん

（1）　お母さんが話すア〜エにあてはまる言葉を，下の 　　　 にそれぞれ書きましょう。

ア		イ	
ウ		エ	

　　もう1つの理由は，日本のまわりの海の地形だよ。 資料3 を見ると，（　オ　）といわれる水深200mくらいまでの斜面の海底が広がっているよ。ここには，魚たちのえさになるプランクトンが豊富で，さらに魚たちのすみかになる（　カ　）がよく育ち，多くの魚たちが集まるんだ。日本の近くの海は，海流と地形のえいきょうで，とてもよい漁場となっているんだよ。 ── お父さん

（2）　お父さんが話すオとカにあてはまる言葉を，下の 　　　 にそれぞれ書きましょう。

オ		カ	

たろう

資料4 を見つけたよ。平成25年の養しょく業の生産量だけ極たんに少ないね。

受検番号

資料4 青森県の海面漁業生産量
※海面漁業…海でする漁業のこと

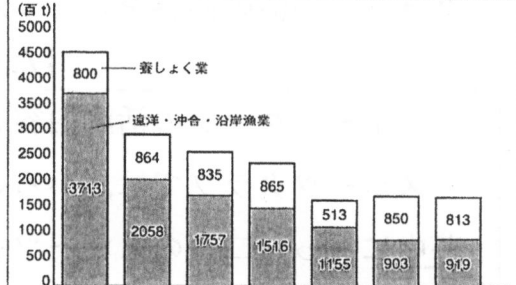

【海面漁業生産統計調査より作成】

お父さん

平成25年は海水温度が高く，養しょくのほたて貝が大量に死んでしまったんだ。そのような特別な年もあるけれど，平成5年から令和2年までのグラフを見ると，青森県の海面漁業生産量の変化の様子が分かるね。

（3）　青森県の海面漁業生産量の変化の様子について，資料4 から分かることを2つ考え，下の □ にそれぞれ書きましょう。

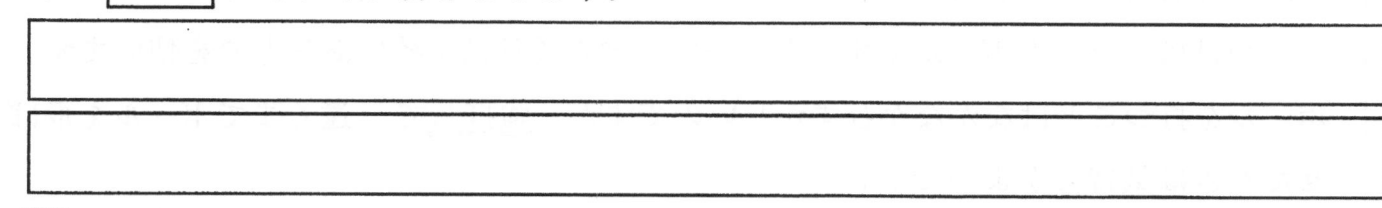

たろう

八戸市に住んでいるおばあちゃんが送ってくれた「八戸前沖さば」のかんづめを見たら，資料5 のような説明が書いてあったよ。

お父さん

八戸市にあるブランド推進協議会という団体が，水あげされたさばの重さや脂肪分を検査し，条件を満たした期間だけ，「八戸前沖さば」と認定するんだよ。認定した期間に水あげされたさばの商品には，シールやマークをつけているんだ。消費者にとっても生産者にとっても，さばを検査して認定することでよいことがあるんだよ。

資料5 かんづめに書かれた説明

ブランド推進協議会が認定した期間に八戸港に水あげされたさばです

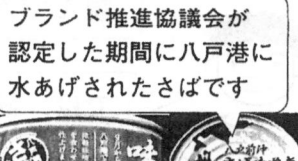

資料6 八戸港に水あげされたさばが消費者に届くまで

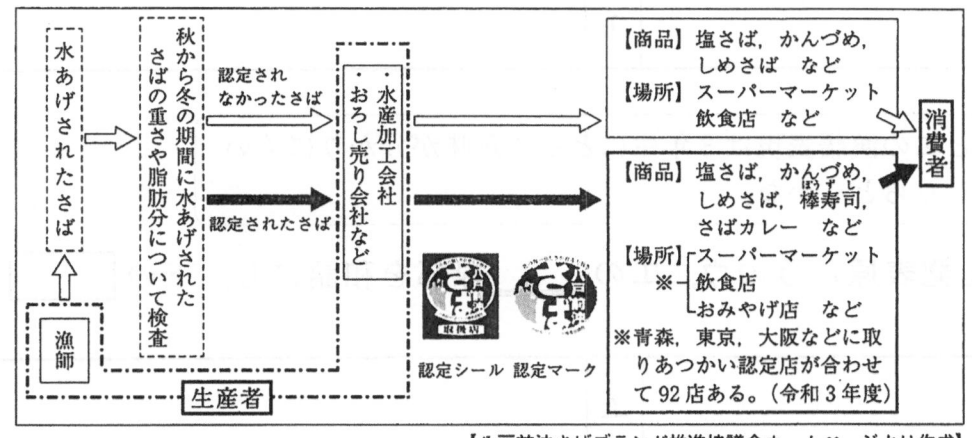

【八戸前沖さばブランド推進協議会ホームページより作成】

資料7 ブランド推進協議会の方のインタビュー記事

『八戸前沖さばと認定して売ることで，どんな成果がありましたか？』
・八戸前沖さばのメニューが，観光客へのおすすめメニューになった。
・地元八戸の飲食店から「どこで八戸前沖さばが買えるのか」と問い合わせがくるようになった。
・水産加工会社は，さば製品の注文が多くなり，生産に追われている。

【魚の国しあわせ大賞受賞時のインタビューより作成】

（4）　さばを検査して認定することでどのようなよいことがあるのか，資料6 と 資料7 をもとに，消費者と生産者の立場で考え，下の □ にそれぞれ書きましょう。

消費者	
生産者	

3　　たろうさんの学校では，12月に3年生を対象にしたクラブ発表会があります。3年生はその発表を聞いて，自分が入りたいクラブを決めます。たろうさんは，「スポーツクラブ」の活動内容をしょうかいするため，**発表原こう**を書きました。

【たろうさんが書いた発表原こう】

スポーツクラブの活動内容をしょうかいします。

　スポーツクラブでは，いろいろなスポーツを<u>行</u>っています。今日は，わたしたちが<u>夢中</u>になった二つのスポーツをしょうかいします。

　一つ目は，スポーツチャンバラです。頭や顔を守る道具を身に着け，ぼうのような道具で対戦相手と打ち合って<u>勝負</u>を決めるスポーツです。相手とのかけひきが楽しくて，とてもおもしろいよ。

　二つ目は，ソフトボールです。グローブなどの道具は学校にあるものを使います。ボールを打つことはなかなかむずかしいのですが，<u>強打して</u>，遠くまでボールを飛ばせたときは気持ちがよいです。

　だから，4年生になったらぜひ，スポーツクラブに入ってください。

たろう：ぼくが発表原こうを書いたので，今度はようこさんがこの原こうで読む練習をしてみてほしいな。

ようこ：読んでみたら，＿＿＿線部アとイの言葉は少し自信がなかったよ。

たろう：では，読みまちがえないように，読みがなを書いておくとよいね。

（1）　**たろうさんが書いた発表原こう**のア，イの＿＿＿線部の読みがなを下の□□にそれぞれ書きましょう。

ア		イ	

ひとみ：＿＿＿線部ウとエの漢語表現は3年生にとって意味が分かりにくいから，和語にしたらどうかな。

（2）　**たろうさんが書いた発表原こう**のウ，エの＿＿＿線部を和語にし，下の□□にそれぞれ書きましょう。

ウ		エ	

ともこ：文末がていねいな表現ではない一文があるから，ていねいな表現に直したほうがよいと思うよ。

（3）　**たろうさんが書いた発表原こう**の中から，文末をていねいな表現に直した方がよい一文をさがし，下の□□にていねいな表現に直した一文を書きましょう。

たろう

多くの人に入ってもらうためにはどうしたらよいかな。

3年生に聞いてみたら，スポーツクラブに対して不安があるようだよ。その不安を減らすために工夫したいことを発表原こうに追加したらよいと思うよ。

ひとみ

たけし

不安を減らすために工夫したいことをふせんに書いて**表**にまとめてみたよ。

表　3年生の不安を減らすための工夫

3年生の不安	①初めて体験するスポーツのルールが分かるか	②5，6年生と仲よく活動できるか	③初めて体験するスポーツが上手にできるか
工夫したいこと	説明カードを作る 前もって伝える	チームづくり 笑顔で声かけ	ルールの変こう 練習時間

ともこ

まず，わたしが3年生の不安①についての原こうを書いてみるね。

【ともこさんが考えた原こう】

「初めて体験するスポーツのルールが分かるか」
という不安を感じている人がいると思います。その不安を減らすために，ルールを分かりやすく書いた説明カードを作って配ります。また，クラブ活動がある前の日までに，ルールを前もって伝えるようにします。

（4）　あなたなら，3年生の不安を減らすために工夫したいことをどのように書きますか。ともこさんが考えた原こうを参考に次の**＜条件＞**に合わせて書きましょう。

＜条件＞ ア　上の**表**の3年生の不安②，③のどちらか一つを選び，選んだ不安の内容を「　」の中に書くこと。
　　　　　イ　3行〜4行で書くこと。
　　　　　ウ　アで選んだ不安に対応する二つのふせんの内容について書くこと。

「　　　　　　　　　　　　　　　　　　　　　　　　」
という不安を感じている人がいると思います。その不安を減らすために，

↓ここから本文を書く。

　　　　　　　　　　　　　　　　　　　　　　　　　　　　　　　3行

　　　　　　　　　　　　　　　　　　　　　　　　　　　　　　　4行

4 ともこさんたちは自分の生活をふり返り，「わたしの健康宣言」という作文を書いています。

ともこ
> さちこさん，わたしたちも卒業した6年生の「わたしの健康宣言」の
> AやBの書き方を参考にして作文を書きましょうよ。

【卒業した6年生の「わたしの健康宣言」】

A　わたしは，｜　ア　｜

を宣言します。

わたしは，朝あまり食よくがなく，ときどき朝食をとらない日があります。そんな日はおなかが減って，授業に集中できないことがあったので，この宣言にしました。

具体的に，毎日朝食をとることができるように，夕食をとった後は，おやつを食べないようにします。

食育の学習では，毎日朝食をとる児童は学力が高いと学習しました。毎日朝食をしっかりとることで，集中力が増して学力が向上すると思います。

これからは，毎日朝食をとるようにがんばります。

B　わたしは，｜　イ　｜

を宣言します。

わたしは，ねる時刻（じこく）がおそく，朝はなかなか起きることができません。この前は，家を出る時刻もおそくなり，楽しみにしていた行事に間に合わないということもあったので，この宣言にしました。

具体的に，これからはおそくても夜10時までにねて，朝6時に起きるようにします。

「早起きは三文の徳」ということわざがあります。これまでの生活を改ため，早ね早起きを続けることで，毎日元気にすごすことができると思います。

「善（ぜん）は急げ」です。今日から早ね早起きを続けるようにがんばります。

さちこ
> Bの中に送りがなの使い方を直した方がよい言葉が一つあるわ。

（1）　さちこさんが話す送りがなの使い方を直した方がよい言葉をさがし，直した方がよい言葉と正しい送りがなの言葉を下の｜　　　｜に書きましょう。

直した方がよい言葉		正しい送りがなの言葉	

ともこ
> Bでは，ことわざを引用しているね。「善は急げ」の意味は，
> 　　　　　だったね。

（2）　「善は急げ」の意味を下の｜　　　｜に書きましょう。

さちこ
> AやBの書き方の工夫を下のようにまとめてみたよ。

【書き方の工夫】

・Aは，取り組むこととして｜　ア　｜を挙げ，期待できる効果の説得力を高めるために，学習したことをもとにして書いている。
・Bは，取り組むこととして｜　イ　｜を挙げ，期待できる効果の説得力を高めるために，ことわざを引用して書いている。

（3）　書き方の工夫のア，イに入る10字以上15字以下の言葉をA，Bの中からさがし，下の｜　　　｜に書きぬきましょう。

ア														

イ														

ともこ

> AとBを読み比べると，同じ文章構成で書かれているね。段落ごとにどのようなことが書かれているか考えてみたから，これを参考にして作文を書いてみましょうよ。

【ともこさんが考えた文章構成】

> 最初に，自分が取り組む宣言を書く。
> 一段落目には，その宣言にした理由を書く。
> 二段落目には，宣言を実行するための具体的な内容を書く。
> 三段落目には，具体的な内容に取り組むことで期待できる効果を書く。
> 四段落目には，これからの決意を書く。

（4）　あなた自身の「健康宣言」の作文を**ともこさんが考えた文章構成**をもとに，次の**＜条件＞**に合わせて書きましょう。

＜条件＞①　最初の ☐ には，**A**や**B**とはちがう宣言を書くこと。

②　10行以上12行以内で書くこと。また，段落の始まりは一字分あけて書くこと。

③　三段落目は期待できる効果の説得力を高めるために，学習したことか，「早起きは三文の徳」「善は急げ」以外のことわざを引用して書くこと。

わたしは， ☐ を宣言します。

↓ここから本文を書く。

10行

12行

令和 5 年度
県立中学校入学者選抜

適 性 検 査 Ⅱ

時間 45 分
（ 11：15〜12：00 ）

（配点非公表）

─── 注　意 ───

1　この用紙は「始めなさい」の合図があるまで開いてはいけません。

2　用紙は全部で 9 枚あります。指示にしたがって用紙の右下のすみをめくり，枚数を確認しなさい。枚数が不足していたら，だまって手をあげなさい。

3　すべての用紙の右上の決められた欄に，受検番号を書きなさい。

4　筆記用具や定規の貸し借りはいけません。

5　問題を読むとき，声を出してはいけません。

6　「始めなさい」の合図で用紙を開き，解答を始めなさい。

7　印刷が悪いとき，筆記用具や定規を落としたとき，用紙が破れたときなどは，だまって手をあげなさい。

8　「やめなさい」の合図で，すぐに筆記用具を置きなさい。また，この用紙は 1 枚目を上にして机の上に置きなさい。

9　この用紙を持ち帰ってはいけません。

─── 答えの書き方 ───

1　答えは，問題の指示にしたがって書きなさい。

2　答えを求めるための筆算は，答えを書く欄以外の空いている部分を使いなさい。

3　答えはていねいに書きなさい。答えを書き直すときは，きれいに消してから書きなさい。

1 たろうさんたちは，電車に乗って水族館に向かいました。

たろう：ぼくたちが乗っている電車は，今，1秒間あたり15m進んでいるよ。

お父さん：1秒間あたりに進む道のりで表した速さを，秒速というね。

さゆり：もしこの電車が秒速15mで1時間進み続けるとすると，何km進むのかな。

（1）電車が秒速15mで1時間進み続けたときのきょりを求めます。求め方を下の □ に書き，きょりを（　　　）に書きましょう。

[求め方]

1時間に進むきょりは（　　　）km

たろう：ぼくたちが乗っている電車は，これから鉄橋をわたるね。

お父さん：鉄橋の長さは160mで，この電車の全体の長さは50mだよ。鉄橋をわたり始めてから完全にわたり終わるまで，この電車は時速36kmで進むそうだよ。

さゆり：時速36kmで進むこの電車が，図のように鉄橋をわたり始めてから完全にわたり終わるまでに何秒かかるのかな。

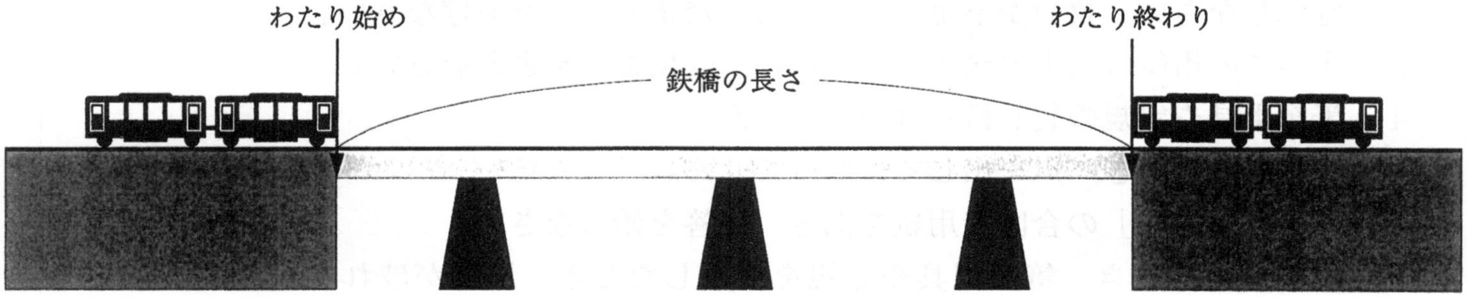

わたり始め　　　　　　　　　　　　　　　　　　　　わたり終わり

鉄橋の長さ

図

（2）時速36kmで進む電車が鉄橋をわたり始めてから，完全にわたり終わるまでにかかる時間を求めます。求め方を下の □ に書き，時間を（　　　）に書きましょう。

[求め方]

完全にわたり終わるまでにかかる時間は（　　　）秒

水族館に着いたたろうさんたちは，巨大水そうの中にいる魚の数について，係員さんと話しています。

たろう

> この水そうにはタイが 18 ぴきいるそうですが，アジとイワシは何びきいますか。

> 巨大水そうの中にいる，タイとアジの数の比は 2：7 で，アジとイワシの数の比は 3：8 となるようにしています。この比から，アジとイワシの数が分かるかな。

係員さん

（3）係員さんの話をもとに，巨大水そうの中にいるアジとイワシのそれぞれの数を求めます。求め方を下の ☐ に書き，アジとイワシのそれぞれの数を（　　）に書きましょう。

[アジの数の求め方]	[イワシの数の求め方]
アジの数（　　　　）	イワシの数（　　　　）

たろうさんたちは，イルカショーを見るための観客席に移動しました。

たろう

> 観客席は図のようになっているけれど，奇数の段は奇数の列だけに，偶数の段は偶数の列だけに座るというきまりになっているそうだよ。

お父さん

> 観客席はたてに 25 段，横に 25 列あるね。たろうが話したきまりをもとに考えると，観客席には最大何人座ることができるのかな。

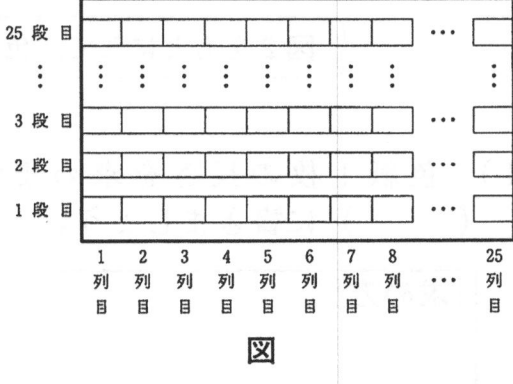
図

（4）たろうさんの話すきまりをもとにして，観客席には最大何人座ることができるのかを求めます。求め方を下の ☐ に書き，人数を（　　）に書きましょう。

[求め方]

観客席には最大（　　　　　　）人座ることができる

2 たろうさんたちは，学習発表会で使うかざりを作ります。

たろう: 26色の同じ長さの色紙を1枚ずつつないで，かん板にはり付けるためのかざりを作るよ。作ったかざりは，図1のかん板の ┊┈┈┈┊ 部分にはり付けるよ。

学 習 発 表 会

図1

ひとみ: ┊┈┈┈┊ 部分の横の長さは287cmだよ。同じ長さの色紙を図2のように，のりしろのはばを1cmにして26枚つなぐと，┊┈┈┈┊ 部分の横の長さとちょうど同じになるのよ。

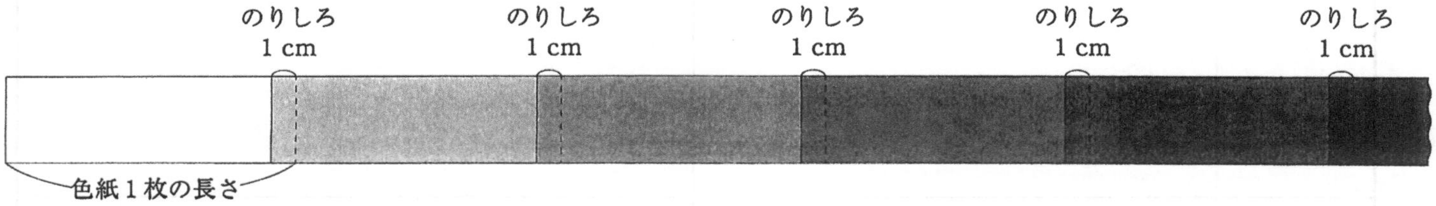

| のりしろ 1cm | のりしろ 1cm | のりしろ 1cm | のりしろ 1cm | のりしろ 1cm |

色紙1枚の長さ

図2

ともこ: 色紙1枚の長さは何cmなのかな。

たけし: 図2をもとにして，色紙1枚の長さを考えてみよう。

（1）色紙1枚の長さを求めます。求め方を下の □ に書き，色紙1枚の長さを（　）に書きましょう。

[求め方]

色紙1枚の長さは（　　　　　）cm

たろうさんたちは，一辺が 10cm の正方形の色紙（いろがみ）でかざりを作ります。

たろう

色紙を 3 回折って，できた三角形の一部を切り落とし，残った部分を広げてかざりを作るよ。

ぼくは図1のように色紙を折って，ななめに線をかいた部分を切り落とし，残った部分を広げたらこんなかざりになったよ。

たけし

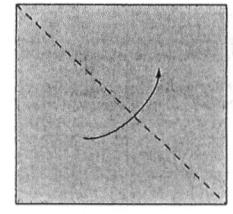 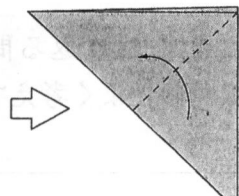 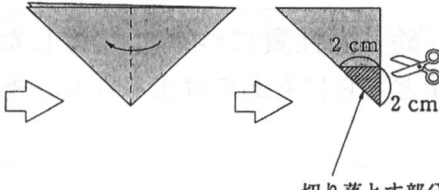 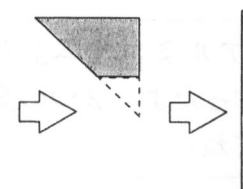 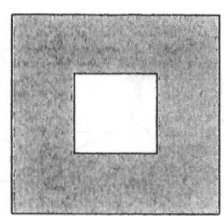

切り落とす部分

たけしさんが作ったかざり

図1

ともこ

わたしもたけしさんと同じように色紙を折って，図2のようにななめに線をかいた部分を切り落とすよ。広げたらどんなかざりになるのかな。

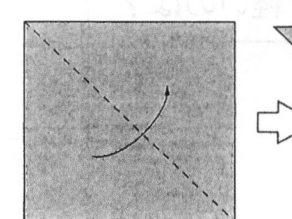 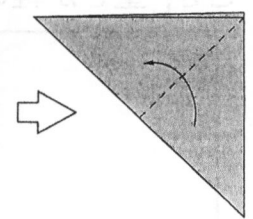 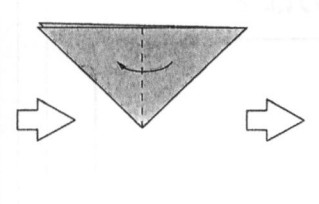 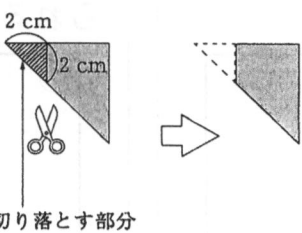 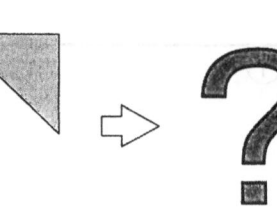

切り落とす部分

ともこさんが作ったかざり

図2

（2）　ともこさんが作ったかざりを，下の ☐ の方眼にかきましょう。ただし，色はぬらなくてもよいものとします。

[ともこさんが作ったかざり]　※方眼の1目もりは1cmとします。

3 たけしさんたちは，空のアルミかんを見ながら話し合っています。

たけし
アルミかんは，主に「アルミニウム」という金属でできているんだよ。

アルミかん

ようこ
「アルミニウム」には，同じ金属のなかまの「鉄」と比べて，ちがう性質もあるよ。

たけし
「アルミニウム」と「鉄」の性質について学習したことをふり返る問題を作ったよ。2つの金属どちらにもあてはまる性質があるから，よく考えて答えてね。

（1） たけしさんが作った問題で，下の①～③の □ にあてはまる金属の名前を，それぞれ書きましょう。

第1問
電気を通すのは？

①

第2問
ぼう磁石に引きつけられるのは？

②

第3問
1cm³の立方体を比べたとき，重さが軽いのは？

③

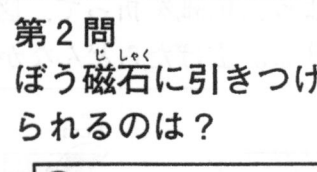
ようこ
金属には，ほかにどのような性質があるのかな。

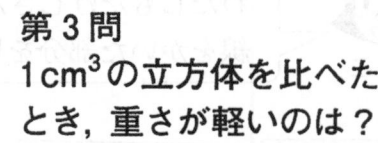

たけし
金属は，温められて温度が高くなると体積が（　④　）て，冷やされて温度が低くなると体積が（　⑤　）という性質があるよ。

ひとみ
金属の温度による体積の変わり方は，空気や水の体積の変わり方と比べると，とても（　⑥　）という特ちょうがあるね。

（2） たけしさんとひとみさんが話す，④～⑥にあてはまる言葉を，下の □ にそれぞれ書きましょう。

④		⑤		⑥	

～たけしさんたちは，アルミかんを使ってものづくりをすることにしました。～

たけし：アルミかんを使って，ストローから水が出てくるふん水を作ってみるよ。

ようこ：どのようにして作ったら，水が出てくるのかな。

たけし：図1のように，アルミかんに水を半分入れて，ストローをさしたねん土で，かんの口をすき間なくふさぐよ。準備ができたら 80℃ のお湯を，図2のようにアルミかん全体にかけるとよいね。

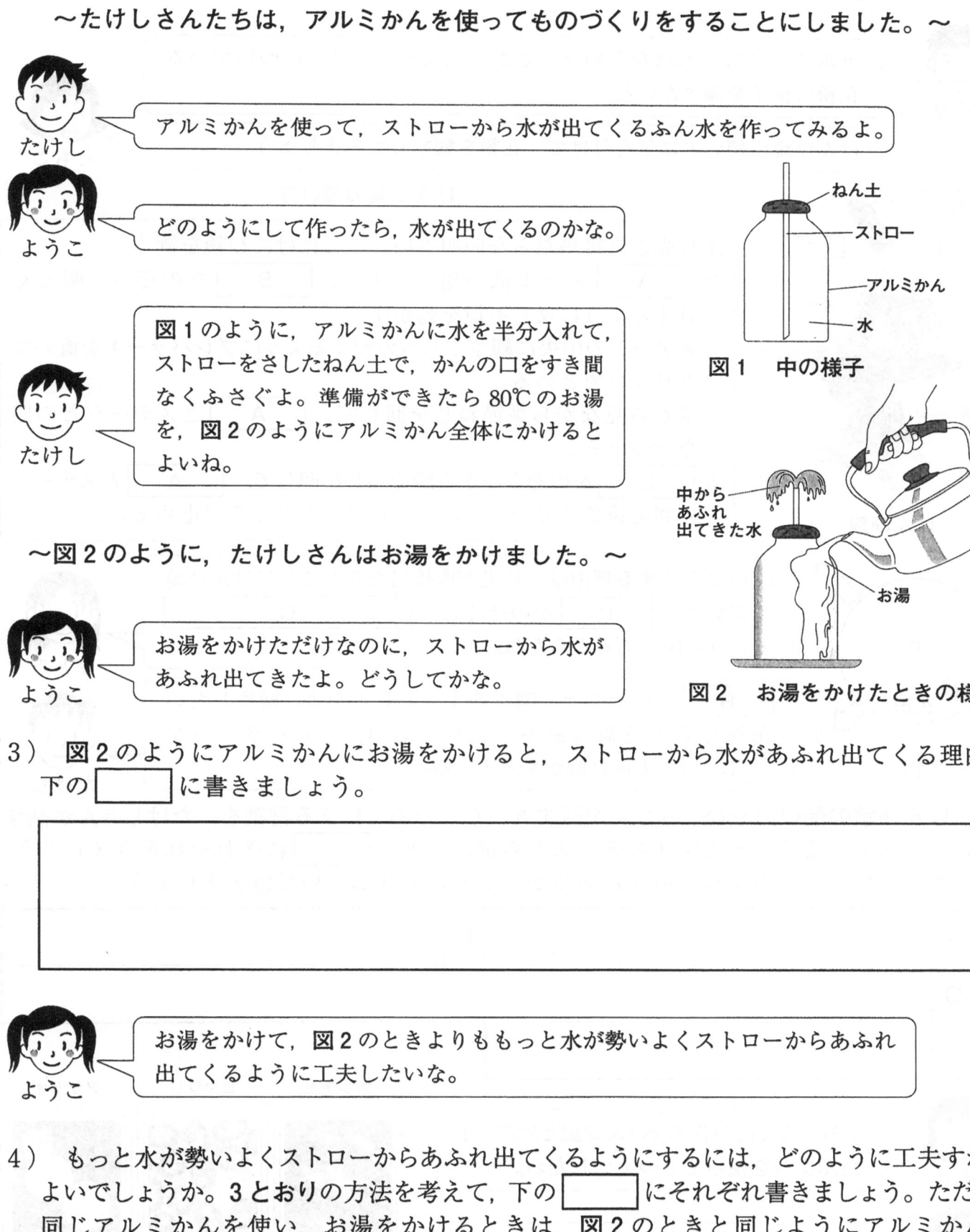

図1　中の様子

～図2のように，たけしさんはお湯をかけました。～

ようこ：お湯をかけただけなのに，ストローから水があふれ出てきたよ。どうしてかな。

図2　お湯をかけたときの様子

（3）　図2のようにアルミかんにお湯をかけると，ストローから水があふれ出てくる理由を，下の □ に書きましょう。

ようこ：お湯をかけて，図2のときよりももっと水が勢いよくストローからあふれ出てくるように工夫したいな。

（4）　もっと水が勢いよくストローからあふれ出てくるようにするには，どのように工夫すればよいでしょうか。3とおりの方法を考えて，下の □ にそれぞれ書きましょう。ただし，同じアルミかんを使い，お湯をかけるときは，図2のときと同じようにアルミかんを置いたままとします。

4　たろうさんたちは，自然科学クラブで育てているいろいろな花について調べています。

たろう：カボチャには，おばなとめばながあったよね。おばなについている花粉の様子を調べたいな。

ともこ：けんび鏡の使い方に気を付けて，花粉を観察してみましょう。

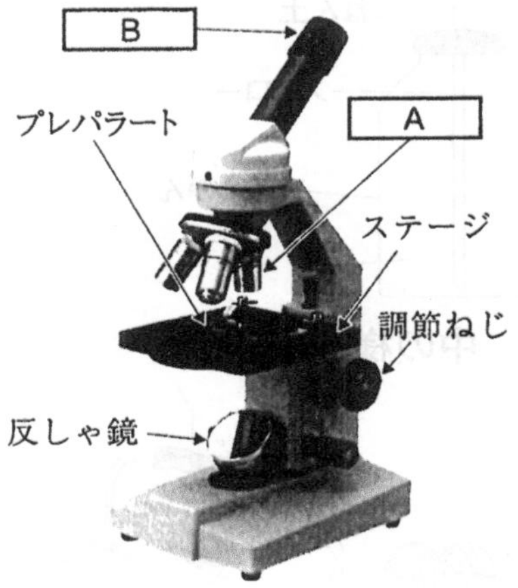

けんび鏡

B
プレパラート
A
ステージ
調節ねじ
反しゃ鏡

けんび鏡の使い方

①日光が直接当たらない明るいところにけんび鏡を置く。
② A を一番低い倍率にして， B をのぞき，明るく見えるように反しゃ鏡を動かす。
③ステージの中央に観察するものがくるようにプレパラートを置いて，クリップでとめる。
④横から見ながら調節ねじを回して， A とステージとの間を近づける。
⑤ B をのぞきながら調節ねじを回して， A とステージの間を遠ざけていき，はっきり見えたところで止める。

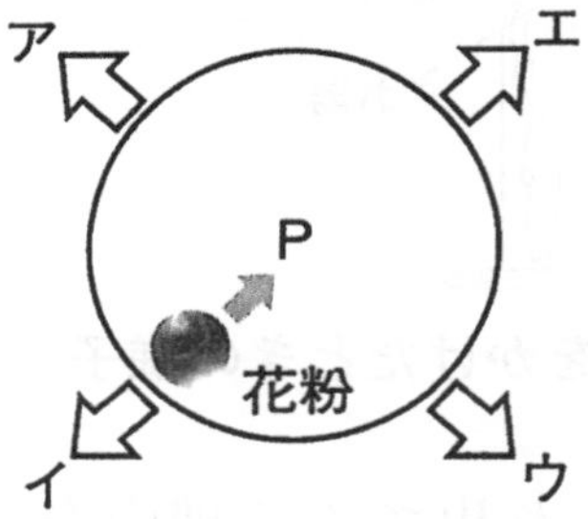

図1（ア・イ・ウ・エ，P，花粉）

ひとみ：①のようにする理由は，日光が直接当たるところにけんび鏡を置いて， B をのぞくと， C という危険があるからだね。

たけし： B をのぞくと，図1のように見えたよ。観察したい花粉をPの位置に動かしたいときは，プレパラートを D の方向に動かすとよいね。

（1）　けんび鏡の使い方やひとみさんが話すA〜Cにはあてはまる言葉を，たけしさんが話すDにはあてはまる記号を図1のア〜エから選び，下の　　　にそれぞれ書きましょう。ただし，Cにはどのような危険があるか，その理由もふくめて書きましょう。

A		B	
C			
D			

ともこ：いろいろな花の花粉をけんび鏡とタブレットたんまつを使ってさつえいしたわ。

たろう：ともこさんがさつえいした3つの花粉の特ちょうについて，共通することがあるね。

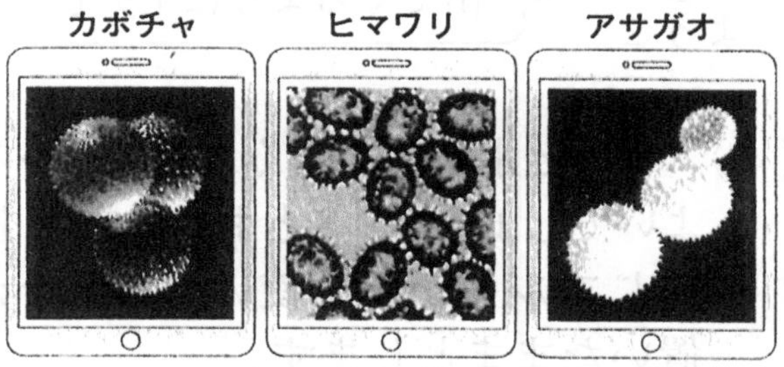

カボチャ　ヒマワリ　アサガオ

ともこさんがさつえいした3つの花粉

（2）　ともこさんがさつえいした3つの花粉の特ちょうについて，共通することを2つ考え，下の　　　にそれぞれ書きましょう。

たろう：学校園の畑にあるカボチャの花を使って，受粉させると本当に実ができるかどうかを確かめるために，①と②を比べる実験を考えたよ。

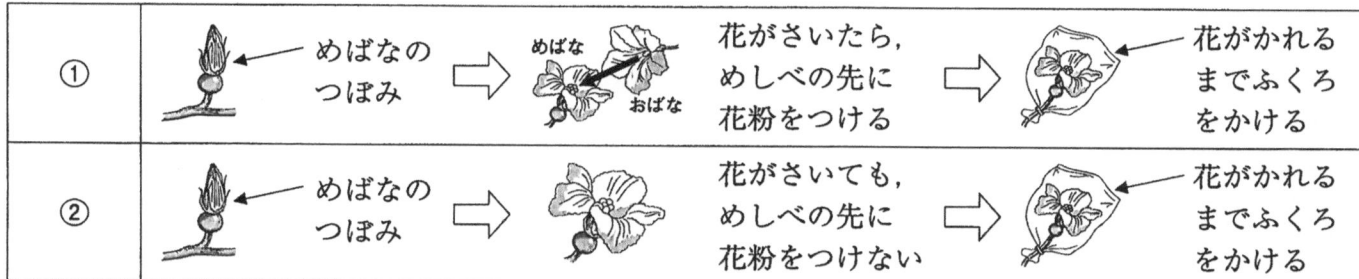

| ① | めばなの つぼみ ⇒ めばな おばな ⇒ 花がさいたら，めしべの先に花粉をつける ⇒ 花がかれるまでふくろをかける |
| ② | めばなの つぼみ ⇒ ⇒ 花がさいても，めしべの先に花粉をつけない ⇒ 花がかれるまでふくろをかける |

たろうさんが考えた実験

ともこ：たろうさんが考えた①と②だと，どちらも実ができるかもしれないね。だから，①と②のめばながつぼみのときにふくろをかける必要があるね。①では花がさいたら，ふくろをはずしてめしべの先に花粉をつけて，花がかれるまでふくろをかけるよ。②ではずっとふくろをかけたままにしなければいけないよ。

（3）　ともこさんが話す＿＿＿線部の理由を，下の　　　　　に書きましょう。

| |
| |

たろう：次に，アサガオの花を使って，受粉させると本当に実ができるかどうかを確かめたいけれど，どのようにするとよいかな。

たけし：アサガオの花は，カボチャの花とちがって　　ア　　というつくりになっているから，③と④を比べる実験を考えたよ。

| ③ | イ | ⇒ 花がさいたら，ふくろをはずして，めしべの先に花粉をつける ⇒ 花がかれるまでふくろをかける ⇒ 実ができる |
| ④ | イ | ⇒ 花がさいても，ふくろをかけたままにする ⇒ 花がかれるまでふくろをかけたままにする ⇒ 実ができない |

たけしさんが考えた実験

（4）　たけしさんが話すアとたけしさんが考えた実験のイにあてはまる言葉を，下の　　　　　に書きましょう。

| ア | |
| イ | |

受検番号

青森県立三本木高等学校附属中学校

令和 4 年度
県立中学校入学者選抜

適性検査 I

時間 45 分

（ 10：00〜10：45 ）

（配点非公表）

─ 注　意 ─

1　この用紙は「始めなさい」の合図があるまでひらいてはいけません。

2　用紙は全部で 9 枚あります。指示にしたがって用紙の右下のすみをめくり，枚数を確認しなさい。枚数が不足していたら，だまって手をあげなさい。

3　すべての用紙の右上の決められた欄に，受検番号を書きなさい。

4　筆記用具や定規の貸し借りはいけません。

5　問題を読むとき，声を出してはいけません。

6　「始めなさい」の合図で用紙をひらき，解答を始めなさい。

7　印刷が悪いとき，筆記用具や定規を落としたとき，用紙が破れたときなどは，だまって手をあげなさい。

8　「やめなさい」の合図で，すぐに筆記用具を置きなさい。また，この用紙は 1 枚目を上にして机の上に置きなさい。

9　この用紙を持ち帰ってはいけません。

─ 答えの書き方 ─

1　答えは，問題の指示にしたがって書きなさい。

2　答えを求めるための筆算は，答えを書く欄以外の空いている部分を使いなさい。

3　答えはていねいに書きなさい。答えを書き直すときは，きれいに消してから書きなさい。

1 たろうさんたちは，米づくりについて資料を見ながら話しています。

たろう

資料1 を見ると，約67万tと最も多く米がつくられているのは，（ A ）県だね。東北地方で最も多くつくられているのは（ B ）県だね。

お父さん

わたしたちの住んでいる青森県の生産量は，東北地方で第（ C ）位だね。

資料1 米づくりがさかんな地域の米の生産量

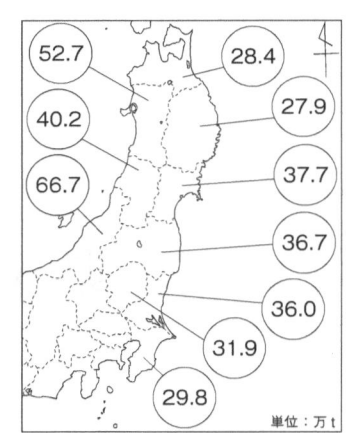

単位：万t

【令和2年「作物統計」（農林水産省）より作成】

（1） たろうさんたちが話すA，Bにはあてはまる県名を，Cにはあてはまる数字を，下の □ にそれぞれ書きましょう。

A		B		C	

お母さん

お母さんが生まれた鶴岡市でも米が多くつくられていて，「はえぬき」という品種が有名よ。資料2 と 資料3 を見ると，鶴岡市のある庄内平野は，米をつくるのにとても適したところである理由が分かるわ。

資料2 鶴岡市と気仙沼市の位置と夏の季節風の向き

資料3 鶴岡市と気仙沼市の平均日照時間

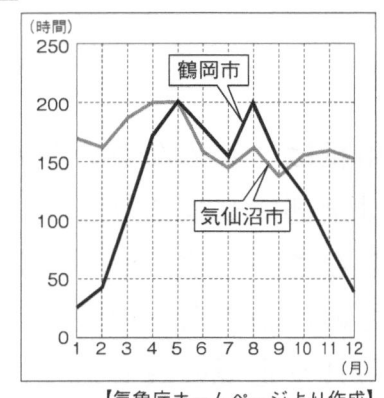

【気象庁ホームページより作成】

資料2 にある，夏に（ D ）の方位からふくしめった季節風が，奥羽山脈をこえ，あたたかくかわいた風となって庄内平野にふいてきて，気温を高くするとともに，ぬれたいねをかわかし，（ E ）になるのを防ぐはたらきをするからだよ。

お父さん

たろう

資料3 を見ると，気仙沼市より鶴岡市の方が，5月から9月にかけて日照時間が（ F ）からだね。

（2） たろうさんたちが話すD～Fにあてはまる言葉を，下の □ にそれぞれ書きましょう。

D		E		F	

お父さん

青森県は，冷涼な気候でヤマセもよくふくから，昭和の初めまで米がとれなくて食べ物にこまった人がたくさんいたんだよ。その時，農事試験場藤坂試験地の田中稔さんが新しい米の品種「藤坂5号」をつくりあげて，食料不足を救ったんだよ。

たろう

田中さんは，すごいね。今，青森県ではどんな米の品種がつくられているのかな。

お父さん

青森県では，主に3つの米の品種がつくられているんだよ。資料4から地域によってつくられる品種に特ちょうがあることが分かるよ。

資料4　青森県内でつくられる主な米の品種

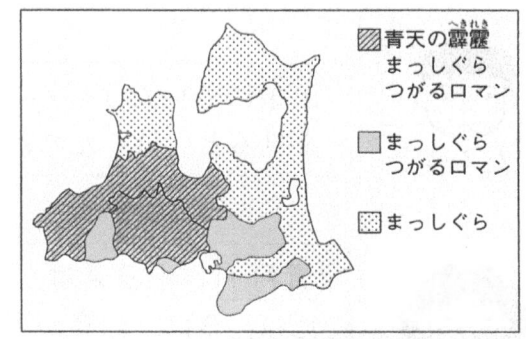

▨青天の霹靂
　まっしぐら
　つがるロマン

▨まっしぐら
　つがるロマン

□まっしぐら

【青森県農林水産部資料より作成】

（3）お父さんが話す下線部について，資料4から分かることを，地域と品種を関連づけて，具体的に2つ，下の[　]に書きましょう。

[　　　　　　　　　　　　　　　　　　　　　　　　　　　　　]

[　　　　　　　　　　　　　　　　　　　　　　　　　　　　　]

資料5　水田を整備する前後の田植え

たろう

資料5を見ると，1955年ごろの米づくりは大変そうだね。昔と比べて今は生産性が高いと聞いたけれど，どういうことかな。

1955年ごろの田植えの様子　　現在の田植えの様子

お母さん

より少ない作業時間でより多くのものを生み出すことを生産性が高いと言うのよ。水田を整備したことで米の生産性が高まったのよ。資料6，資料7，資料8をもとに，米の生産性が高まったことについて考えてごらん。

資料6　10aあたりの米の収穫量の変化

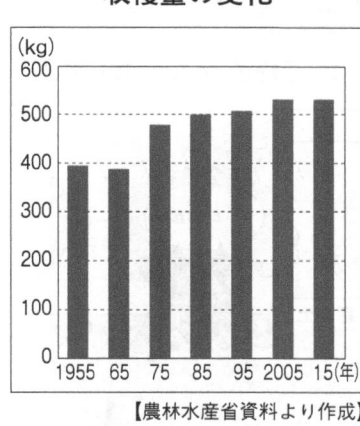

【農林水産省資料より作成】

資料7　10aあたりの米づくりの作業時間の変化

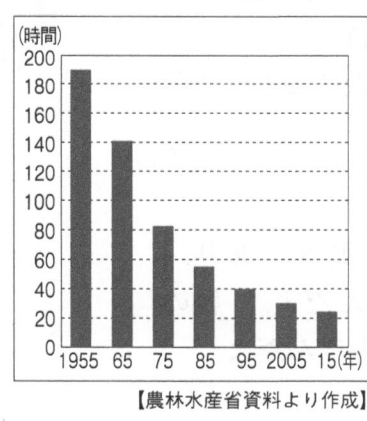

【農林水産省資料より作成】

資料8　整備した水田と農道の様子

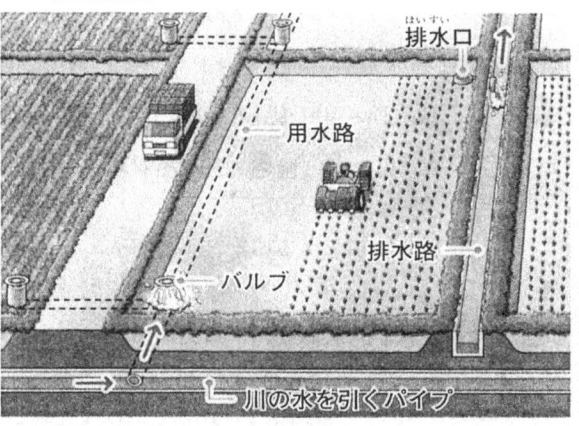

排水口
用水路
排水路
バルブ
川の水を引くパイプ

（4）お母さんが話す，水田を整備したことで米の生産性が高まったとはどういうことか，下の[　]に書きましょう。

[　　　　　　　　　　　　　　　　　　　　　　　　　　　　　]

2　たろうさんたちは，家族でハイキングへ出かけ，地形や川の様子について話しています。

資料1　市のパンフレットにある絵

たろう
山頂に着いたよ。パンフレットの 資料1 を見ると，ぼくたちはアにいるんだね。

お母さん
資料1 にあるAは，山に囲まれている平地ね。Bは，標高が高いところに平らに広がる土地ね。

お父さん
山から海に流れる川が見えるよ。日本の川は，外国の川と比べると，特ちょうがあるんだよ。日本の川と外国の川の特ちょうが分かる 資料2 をもとに考えてごらん。

資料2　世界の主な川の長さと高さ

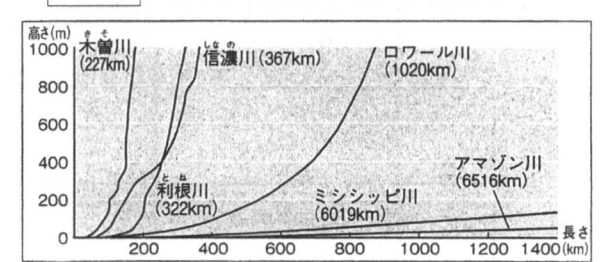

資料2 にある日本の川は，外国の川より（　C　）ことが分かるね。
たろう

（1）　資料1 にあるA，Bの地形を表す言葉と，たろうさんが話すCにあてはまる言葉を，それぞれ下の　　　　に書きましょう。

A		B		C	

たろう
さっき，山を登る途中で 資料3 のような段差のある川を見たよ。

資料3　山を登る途中にあった川

お母さん
日本の気候は，つゆや台風の時に雨が多いから 資料3 のような「（　D　）ダム」が役に立つのね。土砂が大量に流れるのを防ぐ働きがあるのよ。

資料4　「緑のダム」のしくみ

お父さん
まわりにある森林にも同じ働きがあり，「緑のダム」とよばれているんだよ。「緑のダム」には，ほかの働きもあるんだよ。資料4 を見て考えてごらん。

（2）　お母さんが話すDにあてはまる言葉と，お父さんが話す「緑のダム」のほかの働きをそれぞれ下の　　　　に書きましょう。

D	
「緑のダム」のほかの働き	

～帰るとき，木を切っている人に会いました～

たろう：おじさん，どうして木を切っているのですか。

森田さん：この森林は，植林した人工林なんだよ。今，育ちのよくない木などを切って，木と木の間を広げる間ばつという作業をしているんだよ。間ばつをすると，木にとってよいことがあるんだよ。それが分かる 資料5 と 資料6 をもとに，考えてごらん。

資料5 間ばつをしていない森林と間ばつをしている森林
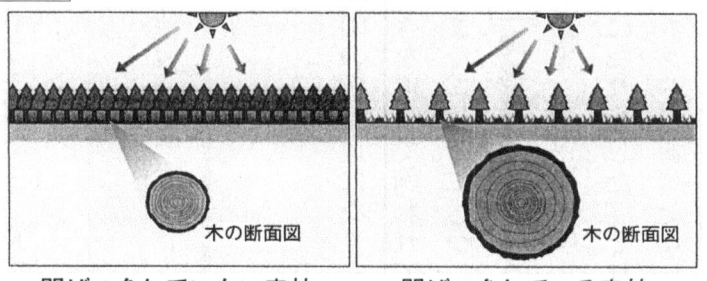

間ばつをしていない森林　　　間ばつをしている森林

資料6 森林の中の様子

間ばつをしていない森林　　　間ばつをしている森林

（3）森田さんが話す，木にとってよいこととは何か，下の　　　　に書きましょう。

たろう：さっき登ってきた山頂からは，海の近くまで森林があるところも見えました。

森田さん：わたしたちは，漁業をしている人たちと協力して，山に木を植えることもしているんだよ。この活動は，「森が海を育てる」という合言葉で行っているよ。その合言葉の意味について 資料7 と 資料8 をもとに，考えてごらん。

資料7 森と海のつながり
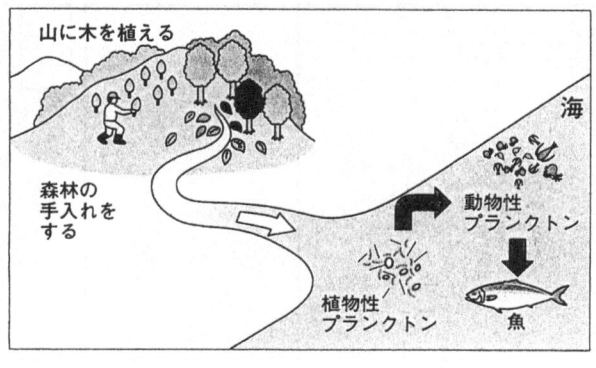

資料8 森と川のつながり

【「森・川・海における物質循環と人との関わり」（環境省）より作成】

（4）森田さんが話す，「森が海を育てる」とはどういう意味か，「山に木を植えることで」に続けて下の　　　　に書きましょう。

山に木を植えることで

ひとみさんたちは、校内にかざる「将来の夢作文」について話し合っています。

ひとみ

わたしの**将来の夢作文**を読んで、直した方がよいところを教えてくれないかな。

【将来の夢作文】 ※ ① と ② は、あとの問いと関係があります。

将来の夢

青木　ひとみ

わたしの夢は、将来、動物園の飼育員になります。

小さいころ、わたしは、大きな近所で飼われている犬にほえてこわい思いをしていました。また、ねこにしつこく追いかけられたこともありました。 ① 動物はあまり好きではありませんでした。

小学二年生の時、乗馬体験をしてから、動物のことをかわいいと思えるようになりました。それからは、動物に関する本を読んだりインターネットで調べたりして、動物のことが好きになってきました。

この前、学級に来た動物園の飼育員さんのお話を聞いて、動物と関わる仕事に興味がわいて、わたしも動物園で働きたいと思うようになりました。

ともこ

飼育員に ア 。」と書き直すといいね。

最初の文は、主語と述語が合っていないわ。「なります」の部分を主語に合わせて、「わたしの夢は、将来、動物園の

たろう

「わたしは」から始めて、「わたしは、将来、動物園の飼育員になるという夢を イ 。」と書き直してもいいね。

（１）ともこさんとたろうさんが話すアとイにあてはまる言葉をそれぞれ次の ☐ に書きましょう。

ア	
イ	

ともこ

「大きな近所で飼われている犬にほえて」の部分は、犬が大きいということと、ほえたのは犬だということが伝わるように書き直すといいね。

（２）ともこさんが話したことをもとに、「大きな近所で飼われている犬にほえて」の部分を書き直して、次の ☐ に書きましょう。

たろう

① と ② のところには、つなぎ言葉を入れると、もっと意味が分かりやすい文章になるよ。つなぎ言葉の後に、読点も付けてね。

（３）**将来の夢作文**の①と②にあてはまるつなぎ言葉を、読点を付けて次の ☐ にそれぞれ書きましょう。

①	②

ひとみ

飼育員の中山さんに、あらためてお話を聞きたいわ。動物園へのほう問をお願いする手紙を書いてみるわ。

【お願いする手紙】

　寒さがいちだんときびしい季節となりました。先日は、おいそがしい中、みちのく西小学校に来ていただき、ありがとうございました。わたしは、青木ひとみといいます。

　今日は、お願いがあって手紙を書きました。わたしは、中山さんのお話を聞いて、動物園の飼育員の仕事に興味を持ち、もっと知りたくなりました。そこで、動物と関わる仕事の喜びや苦労などについて教えていただきたいのです。

　そのために、中山さんの職場をほう問してもよろしいでしょうか。ほう問ができるかどうか、お返事をいただきたいと思います。

　おいそがしい中、申しわけございませんが、どうかよろしくお願いします。これからもお体に気をつけてお過ごしください。

□（たて書きのわく）

お願いする手紙の □ の部分の後付けには、自分の名前と相手の名前、日付も書くといいわね。それぞれの書く順番や位置に気を付けて書いてね。

ともこ

（4）ともこさんの意見をもとに、**お願いする手紙**の後付けを書きます。自分の名前を「**青木ひとみ**」、相手の名前を「**中山まさ子**」、日付を「**十二月二日**」として、次の □ に書きましょう。日付を「十二月二日」として、次の □ に書きましょう。

いします。これからもお体に気をつけてお過ごしください。

たけし

返事には □ のところには、どのような内容を書いてほしいのかについて書くといいね。

ひとみ

お願いする手紙といっしょに、ふうとうの中にははがきを入れて、返事に使ってもらうわ。ほう問ができるんだったら、一月の土曜日か日曜日で、中山さんのつごうがよい日時を聞きたいわ。

□ のところには、中山さんからの返事のもらい方と、中山さんからの返事のもらい方について書くと

（5）ひとみさんは、**お願いする手紙**の □ の中に、中山さんからどのようにして返事をもらうかということについて書こうとしています。たけしさんとひとみさんが話したことをもとに、次の《**条件**》に合わせて書きましょう。

《**条件**》
① 敬語（相手に敬意を表す言葉）を用いて書くこと。
② 「お返事には」に続けて、五十字以上、八十字以内にまとめて書くこと。（「お返事には」も字数にふくむ。）

↓ここから書く

			お		
			返		
			事		
			に		
			は		
			、		

（50字・80字のマス目）

4 ともこさんたちは，美化委員会で，清そう活動について話し合っています。

ともこ

これからの寒い時期，そうじをする時に，気を付けてほしいことについて，全校のみんなにお知らせする**放送原こう**を作ったわ。これでいいか見直しましょう。

【放送原こう】

これからの寒い時期，そうじをする時に，気を付けてほしいことを二つ話します。

1　天気のよい日は，まどを<u>空け</u>ましょう。
　　　　　　　　　　　　　　　ア

2　水ぶきでお湯を使う場合，<u>暑い</u>ときがあるので水を足しましょう。
　　　　　　　　　　　　　　イ

自分の仕事が早く終わった人は，<u>回り</u>の人の仕事を手伝い，みんなで力を合わせて
　　　　　　　　　　　　　　　ウ
そうじをしましょう。

ひとみ

わたしが＿＿＿線を引いた言葉は，放送を聞いている人には同じ音に聞こえるけれど，それぞれの文の内容に合わせて書き直すといいわ。

（1）　ひとみさんの意見をもとに，**放送原こう**のア〜ウの＿＿＿線部を，漢字と送りがなで，下の□□□にそれぞれ書きましょう。

ア		イ		ウ	

〜地いきにある公園のごみについての話題になりました。〜

たろう

先週，地いきの清そう活動で公園のごみ拾いをしたよ。その公園には**ポスター**がはってあるけれど，ごみ箱がなくて，ごみが落ちていたんだ。きっと，公園にごみ箱があればきれいになると思うんだ。

【ポスター】

「ごみのない　きれいな公園は
　　　　　　　　思いやりから」

みなさんのご協力を
お願いします。

みちのく西町内会

前に，公園にごみ箱があったころ，地いきの清そうボランティアの方からお話を聞いた時にいただいた**アンケート結果**があるわ。

ひとみ

【アンケート結果】

①公園にいる時ごみをどうして
いましたか。
・ごみ箱に捨てた‥‥‥‥75%
・その場に捨てた‥‥‥‥13%
・持ち帰った‥‥‥‥‥‥10%
・その他‥‥‥‥‥‥‥‥2%
◆主にごみ箱に捨てている物
・空きペットボトル
・おかしのふくろ
・弁当の空箱
・ティッシュ

②公園がきれいでないと感じたことがあり
ますか。

ある 38%	ない 62%

◆どんなときにきれいでないと感じました
か。
※回答数が多い順
・落ちているごみを見かけたとき
・ごみがごみ箱からあふれていたとき
・遊具やベンチにどろが付いていたとき

アンケート結果の内容から
考えると，ごみ箱があると
ごみをすぐに捨てることが
できて便利だよ。だから，
ごみ箱があると，きれいな
公園になると思うよ。

たろう

ともこ

でも，ごみ箱があるからといって，ごみのないきれいな公園になると
はかぎらないと思うわ。その理由は，ごみ箱があっても　　ア
ことがあって，公園がきれいでないと感じる人がいたからよ。

（２）　ともこさんが話す**ア**にあてはまる内容を，**アンケート結果**にある言葉を使って，下の
　　　　に書きましょう。

たけし

ごみ箱があってもなくても，ごみのないきれいな公園にするために，
ぼくたちがどんなことをしたらよいのか，そして，**ポスター**にある
「思いやり」が公園をきれいにするとはどういうことか考えてみようよ。

（３）　ごみのないきれいな公園にするために，あなたならどのように考えますか。**アンケー
ト結果**をもとにして，次の《**条件**》に合わせて書きましょう。

　　《**条件**》①　二段落で構成し，７行以上，９行以内で書くこと。なお，段落の始まりは
　　　　　　　一字分あけて書くこと。

　　　　　　②　第一段落は，公園にごみ箱がある場合とない場合それぞれについて，たけ
　　　　　　　しさんが話す＿＿＿線部について書くこと。

　　　　　　③　第二段落は，第一段落の内容をもとにして，「思いやり」が公園をきれいに
　　　　　　　するとはどういうことかについて，あなたの考えを具体的に書くこと。

7行

9行

令和4年度
県立中学校入学者選抜

適性検査Ⅱ

時間45分
（ 11：15〜12：00 ）

（配点非公表）

注意

1　この用紙は「始めなさい」の合図があるまでひらいてはいけません。

2　用紙は全部で9枚あります。指示にしたがって用紙の右下のすみをめくり，枚数を確認しなさい。枚数が不足していたら，だまって手をあげなさい。

3　すべての用紙の右上の決められた欄に，受検番号を書きなさい。

4　筆記用具や定規の貸し借りはいけません。

5　問題を読むとき，声を出してはいけません。

6　「始めなさい」の合図で用紙をひらき，解答を始めなさい。

7　印刷が悪いとき，筆記用具や定規を落としたとき，用紙が破れたときなどは，だまって手をあげなさい。

8　「やめなさい」の合図で，すぐに筆記用具を置きなさい。また，この用紙は1枚目を上にして机の上に置きなさい。

9　この用紙を持ち帰ってはいけません。

答えの書き方

1　答えは，問題の指示にしたがって書きなさい。

2　答えを求めるための筆算は，答えを書く欄以外の空いている部分を使いなさい。

3　答えはていねいに書きなさい。答えを書き直すときは，きれいに消してから書きなさい。

1 たろうさんたちは，子ども科学館を訪れました。

たろう

子ども科学館には，いろいろな体験コーナーがあるよ。最初に「リボンの長さを求めよう」コーナーに来たよ。

直径 10cm の鉄の棒が，下の**図1**のように 5 本横に並んでいるね。

たけし

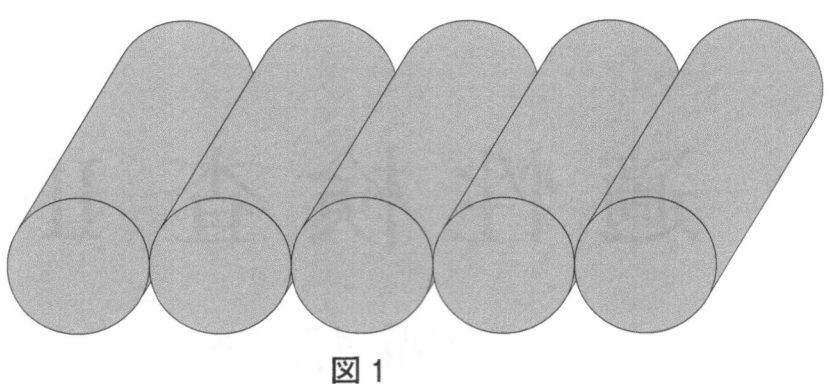

図1

ともこ

図2のように，5 本の鉄の棒をくくったリボンの長さは，最短で何 cm なのかな。結び目を合わせた長さも足して求めるよ。

結び目を合わせた長さは 10cm

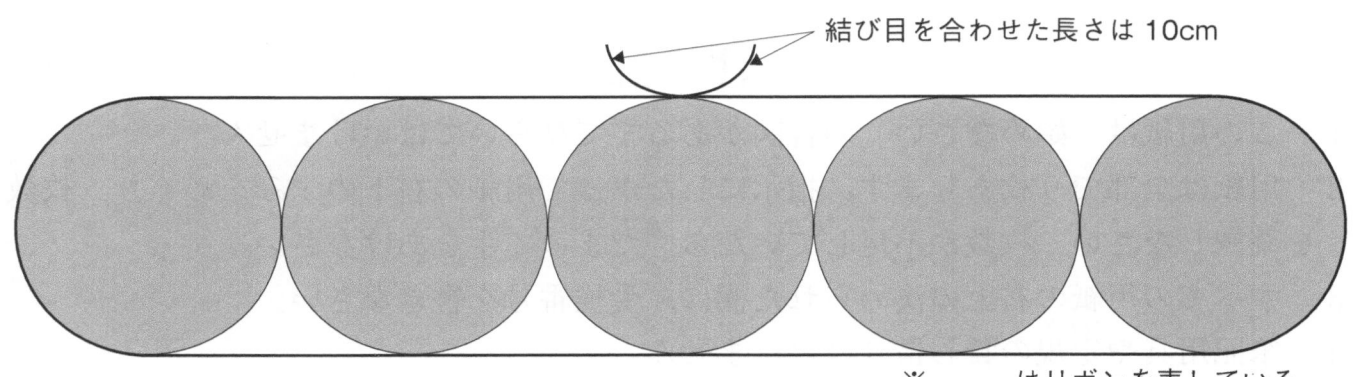

※ ── はリボンを表している。

図2

（1） 5 本の鉄の棒をくくったリボンの長さは，最短で何 cm なのかを求めます。求め方を下の [　　　] に書き，リボンの長さを（　　　）に書きましょう。ただし，結び目を合わせた長さも足して求めるものとします。

[求め方]

くくったリボンの長さは（　　　　　　　）cm

たろうさんたちは，「同じ方向に紙を折ってみよう」コーナーに来ました。

折り目

紙を半分に1回折ってから開く
と，**図1**のように折り目が1本
できて，長方形の数が2個にな
ったよ。
たろう

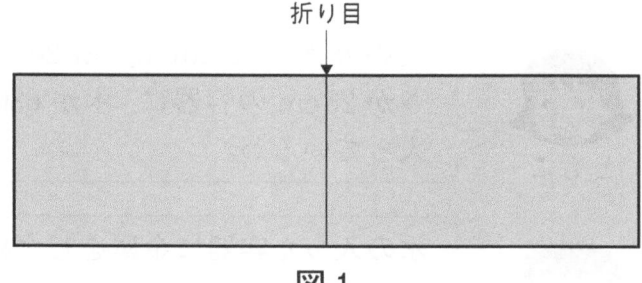
図1

図2のように，紙を半分に2回折ってから開くと，折り目が3本でき
て，長方形の数が4個になったわ。
ともこ

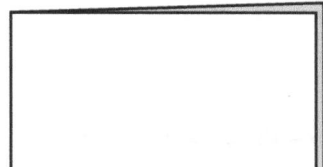   

図2

では，紙を半分に3回折ってか
ら開くと，折り目はどうなるの
かな。
たけし

[3回折ってから開いた図]

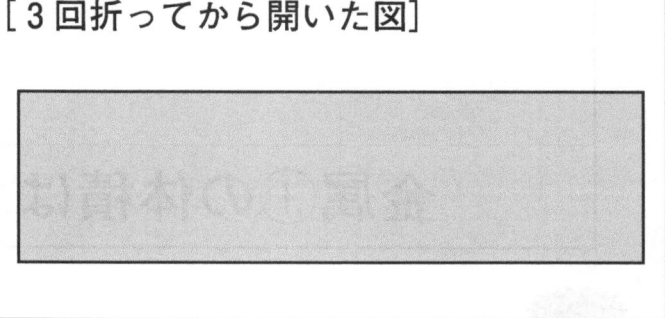

（2）　紙を半分に3回折ってから開いたとき
　　　にできる折り目を，定規を使って右の
　　　3回折ってから開いた図にかきましょう。

紙を半分に折る回数を増やすと，折り目の本数と長方形の数も増えて
いくね。
ともこ

ぼくが紙を半分に何回か折って開いたら，64個の長方形ができたよ。
このときの紙を折った回数と折り目の本数が分かるかな。

たろう

（3）　64個の長方形ができたときの，紙を折った回数と折り目の本数を求めます。求め方
　　　を下の　　　　に書き，紙を折った回数と折り目の本数を（　　　　）にそれぞれ書きま
　　　しょう。

[求め方]

　　　　紙を折った回数（　　　　）回・折り目の本数（　　　　）本

たろうさんたちは，「金属の体積を量ろう」コーナーに来ました。

ともこ
内のりがたて 20cm，横 20cm，深さが 25cm の容器に，水が 6800 cm³ 入っているわ。

たろう
水の入った容器に金属をしずめると，その金属の体積の分だけ水の深さが増えるんだよね。

たけし
水の入った容器に金属①をしずめたら、水の深さが 20cm に増えたよ。金属①の体積は何 cm³ かな。

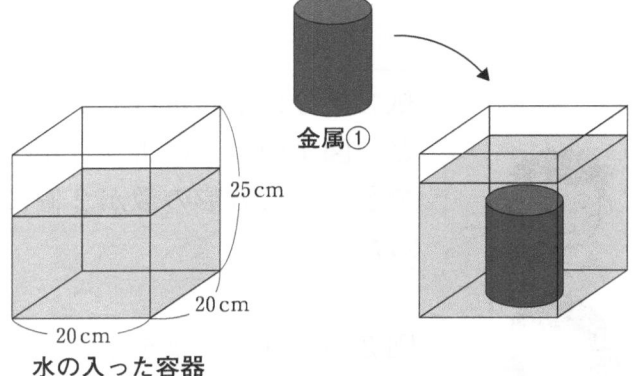
金属①
水の入った容器

（4） 金属①の体積の求め方を下の □ に書き，体積を（　　）に書きましょう。

[求め方]

金属①の体積は（　　　　　　　　）cm³

たろう
今度は，水の入った容器に金属②をしずめてみるよ。

ともこ
容器には 6800 cm³ の水が入っていたけれど，容器から水があふれて水そうにたまったわ。

たけし
水そうにたまった水を量ったら，0.15L だったよ。金属②の体積は何 cm³ かな。

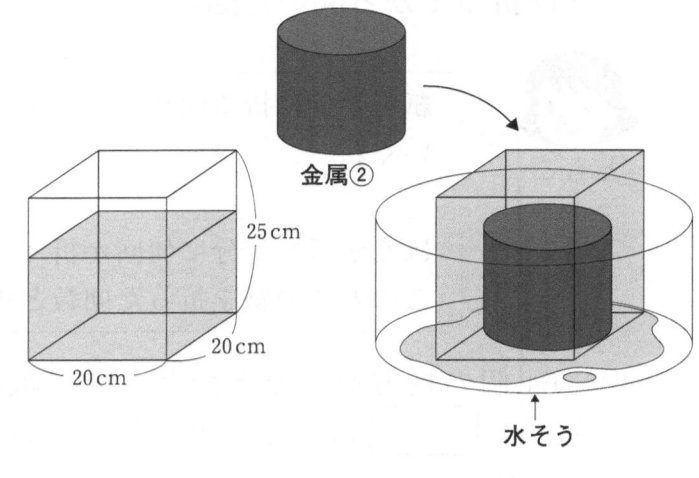
金属②
水そう

（5） 金属②の体積の求め方を下の □ に書き，体積を（　　）に書きましょう。

[求め方]

金属②の体積は（　　　　　　　　）cm³

たろうさんたちは，おみやげコーナーに来ました。

問題
　持っていたお金の 25％でクッキーを買いました。そして，残りのお金の 40％より 220 円多い金額で筆箱と，500 円のチョコレートを買ったらすべてのお金を使い切りました。はじめに持っていたお金は何円でしょうか。

たろう

おみやげコーナーに**問題**がはられているよ。

問題を図に表すと，下のようになるね。この図をもとに考えると，持っていたお金は何円なのか求められるわね。

ともこ

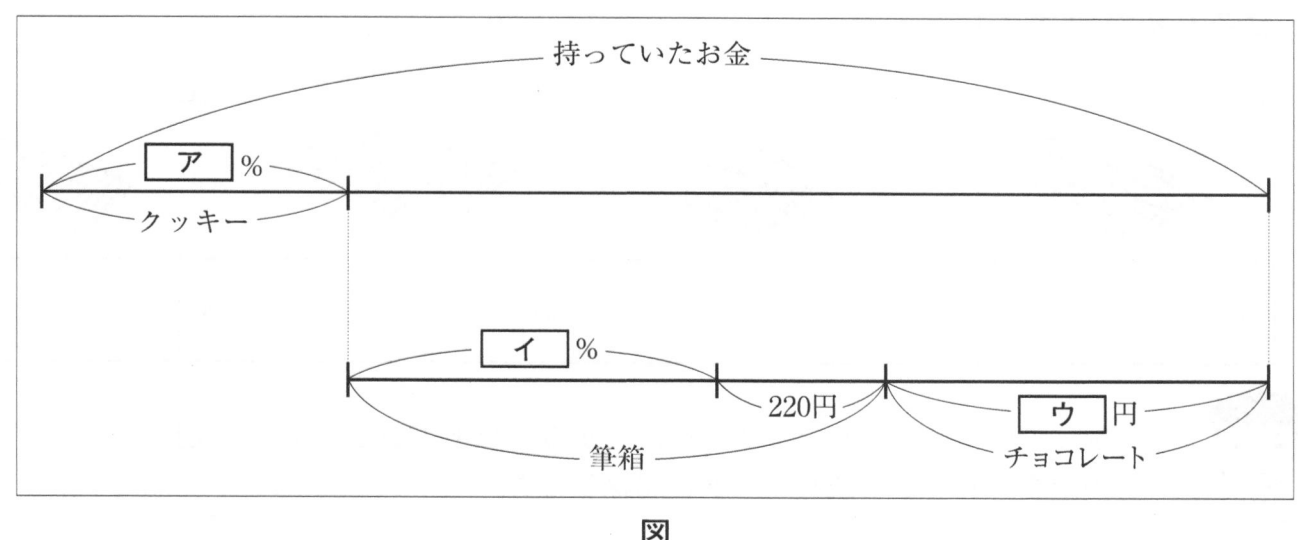

図

（6）　図の**ア〜ウ**にあてはまる数を，下の　　　　にそれぞれ書きましょう。また，持っていたお金の求め方を下の　　　　に書き，金額を（　　　　）に書きましょう。

ア		イ		ウ	
[求め方]					

持っていたお金は（　　　　　　　　）円

2 たろうさんは観賞用のメダカを飼い，観察することにしました。

お父さん：飼っているメダカのおすとめすの見分け方が分かるかな。

たろう：おすとめすでは，ひれの形が**図**のようにちがっているよ。

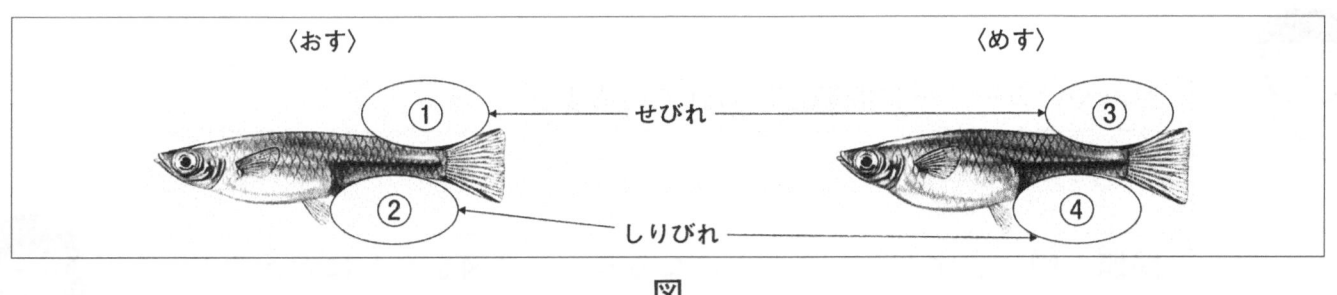

〈おす〉　　　　　　　　　　　　　　　〈めす〉

せびれ　　　　しりびれ

①　②　③　④

図

（1）　**図**の①〜④にあてはまるひれの形を，次の**ア〜エ**から選び，その記号を下の　　　にそれぞれ書きましょう。

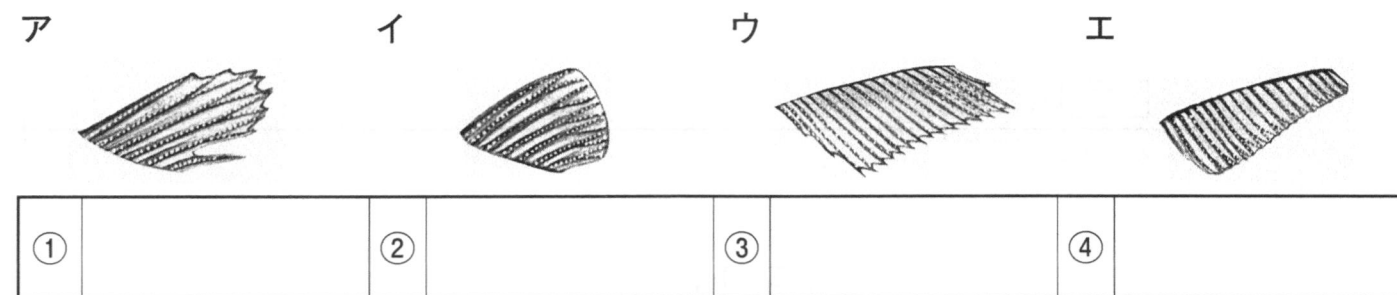

ア　　　　　イ　　　　　ウ　　　　　エ

①		②		③		④	

たろう：飼っているメダカがたまごを産んだから，たまごがどのように成長したのかを，**A〜D**の観察カードに記録したよ。

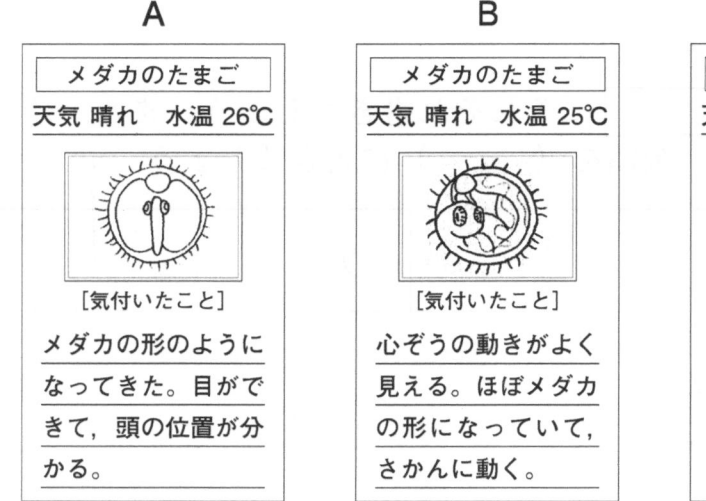
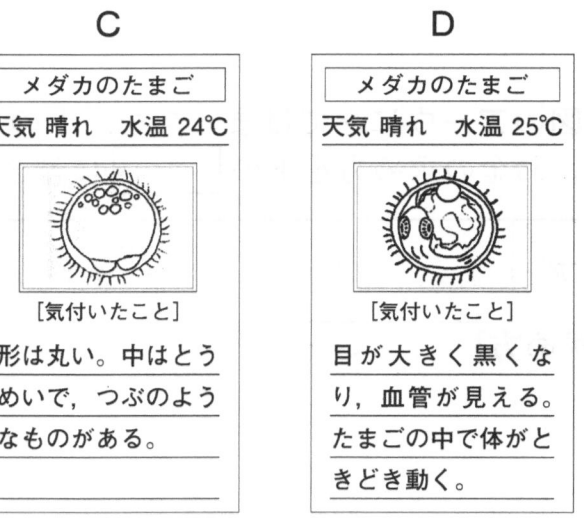

A

メダカのたまご
天気 晴れ　水温 26℃

［気付いたこと］
メダカの形のようになってきた。目ができて，頭の位置が分かる。

B

メダカのたまご
天気 晴れ　水温 25℃

［気付いたこと］
心ぞうの動きがよく見える。ほぼメダカの形になっていて，さかんに動く。

C

メダカのたまご
天気 晴れ　水温 24℃

［気付いたこと］
形は丸い。中はとうめいで，つぶのようなものがある。

D

メダカのたまご
天気 晴れ　水温 25℃

［気付いたこと］
目が大きく黒くなり，血管が見える。たまごの中で体がときどき動く。

お父さん：観察カードには，日付が書いていないから成長した順番が分からないね。順番が分かるようにならべかえてごらん。

（2）　**A〜D**の観察カードを，たまごが成長した順番にならべかえ，下の　　　に記号を1つずつ書きましょう。

	⇒		⇒		⇒	

メダカのたん生と人のたん生について比べてみるよ。本で見付けた絵も参考にして，生命の始まりからたん生までの様子について，**表**にまとめてみたよ。

たろう

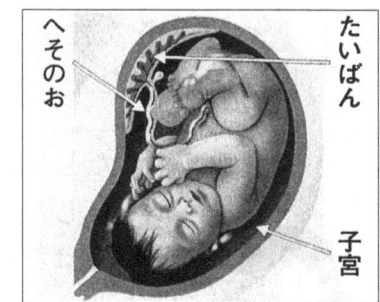

（3）**表**の中の □ にあてはまる言葉を書きましょう。

表　生命の始まりからたん生までの様子について

観点	メダカ	人
受精卵（らん）の大きさ	直径約 1mm　→　実際の大きさ	直径約 0.1mm　→　実際の大きさ
□	約 11 日	約 270 日（約 38 週）
受精卵が育つところ	水草	子宮
□	たまごの中にあるものから取り入れる。	母親のたいばんとつながっているへそのおから取り入れる。
生命を守るために	たまごの外側はかたい。一度の産卵でたくさんのたまごを産む。	子宮の中は □ で満たされている。
たん生するときの大きさ	約 0.4 cm	約 50 cm

表にまとめた結果，メダカと人のちがいだけでなく<u>共通点</u>もあることが分かったよ。

たろう

（4）たろうさんが話す<u>共通点</u>について**表**から 2 つ考え，下の □ にそれぞれ書きましょう。

3 ともこさんたちは，夏休みの課題で磁石や電磁石の性質を利用した作品を作り，発表し合いました。

ともこ

わたしは，2つの磁石を使って，**宙に浮く**こまを作りました。下じきの上で**小さな磁石**を回すと下じきからはなれて宙に浮きます。そのあと，**下じきをぬき取る**と，**小さな磁石**が空中でしばらく回り続けます。

たろう

これは，**小さな磁石**が回っていないと宙に浮かないね。

ひとみ

ほかに，磁石の性質が働いているのね。**小さな磁石**の上側がS極だとすると，**大きな磁石**の上側は，（ **ア** ）極になるわね。**小さな磁石**と**大きな磁石**が（ **イ** ）という磁石の性質が働いているから，宙に浮くことができるのね。

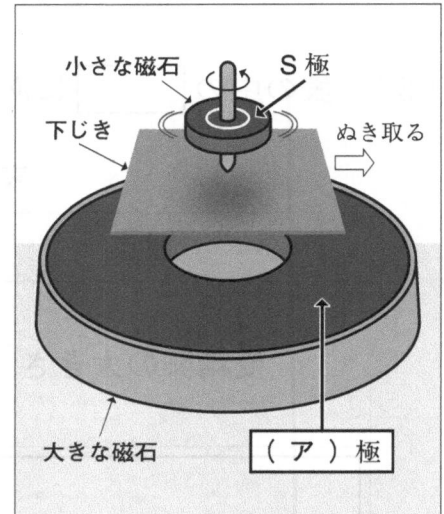

宙に浮くこま

（1） ひとみさんが話す**ア**にはあてはまる極を，**イ**にはあてはまる言葉を，下の　　　にそれぞれ書きましょう。

ア		イ	

たろう

ぼくは，**鉄の空きかん拾い機**を作りました。鉄しんにかんを引きつけたいのですが，新しいかん電池を使ってもなかなか持ち上がりません。重いかんでも持ち上げられるようなアドバイスをお願いします。

磁力を強くすると，かんを持ち上げることができると思います。

ともこ

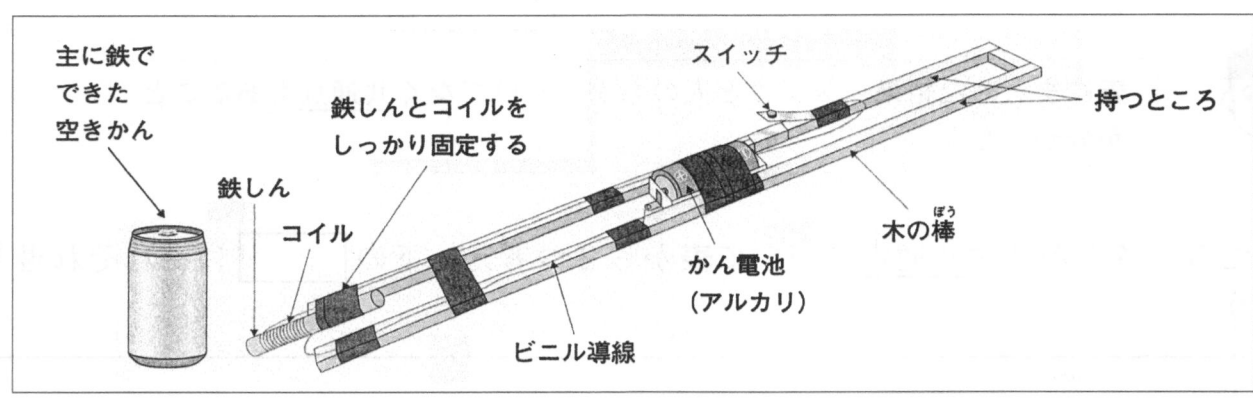

鉄の空きかん拾い機

（2） **鉄の空きかん拾い機**の磁力を強くするための具体的な方法を2つ考え，下の　　　にそれぞれ書きましょう。

たけし　ぼくは，**ベル**を作りました。スイッチを入れると，音が鳴り続けます。

音が鳴り続ける仕組みはどうなっているのかな。

たろう

作品を作るために準備した主なもの

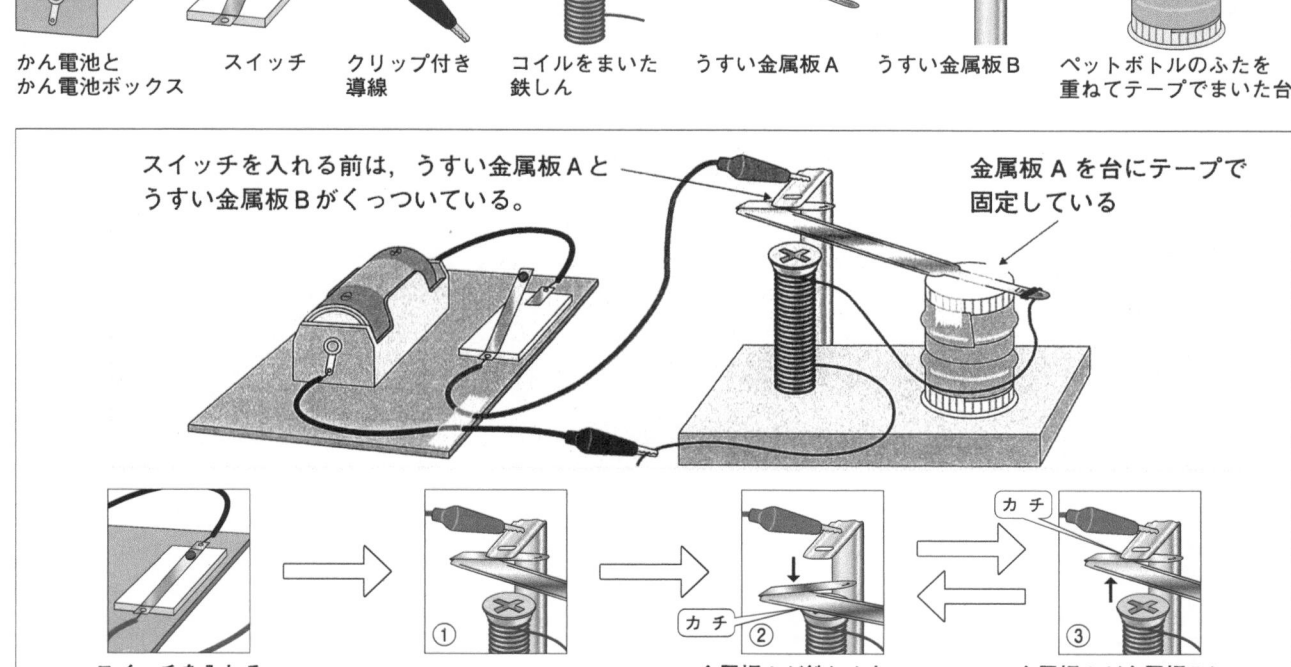

| かん電池と
かん電池ボックス | スイッチ | クリップ付き
導線 | コイルをまいた
鉄しん | うすい金属板A | うすい金属板B | ペットボトルのふたを
重ねてテープでまいた台 |

たけしさんが作ったベル

（3）　たけしさんは，たろうさんに音が鳴り続ける仕組みとその理由を上の①〜③の段階に分けて説明しました。下の◻に，それぞれあてはまる言葉を書きましょう。

スイッチを入れると，

　①　金属板Aと金属板Bがくっついているので，回路に電流が◻。

　　　だから，コイルをまいた鉄しんが◻になります。

　②　鉄しんが金属板Aを◻ので，その時に音が鳴ります。

　　　すると，金属板Aが金属板Bと◻ので，

　　　◻。

　　　だから，コイルをまいた鉄しんが◻。

　③　金属板Aが金属板Bの方にもどってくっついた時に，音が鳴ります。

このあと，②と③をくり返して音が鳴り続けます。

つまり，この音が鳴り続けるのは，

◻

という性質を利用しているからです。

青森県立三本木高等学校附属中学校

令和3年度
県立中学校入学者選抜

適 性 検 査 Ⅰ

時間 45分
（ 10：00〜10：45 ）

（配点非公表）

受検番号

—— 注　意 ——

1　この用紙は「始めなさい」の合図があるまで開いてはいけません。

2　用紙は全部で9枚あります。指示にしたがって用紙の右下のすみをめくり，枚数を確認しなさい。枚数が不足していたら，だまって手をあげなさい。

3　すべての用紙の右上の決められた欄に，受検番号を書きなさい。

4　筆記用具や定規の貸し借りはいけません。

5　問題を読むとき，声を出してはいけません。

6　「始めなさい」の合図で用紙を開き，解答を始めなさい。

7　印刷が悪いとき，筆記用具や定規を落としたとき，用紙が破れたときなどは，だまって手をあげなさい。

8　「やめなさい」の合図で，すぐに筆記用具を置きなさい。また，この用紙は1枚目を上にして机の上に置きなさい。

9　この用紙を持ち帰ってはいけません。

—— 答えの書き方 ——

1　答えは，問題の指示にしたがって書きなさい。

2　答えを求めるための筆算は、答えを書く欄以外の空いている部分を使いなさい。

3　答えはていねいに書きなさい。答えを書き直すときは，きれいに消してから書きなさい。

1　ともこさんたちは，たろうさんの家で資料を見ながら話しています。

 ともこ

日本の主な工業地帯や工業地域の工業生産額に関する 資料1 を見つけたわ。

資料1　主な工業地帯・工業地域の工業生産額とその位置

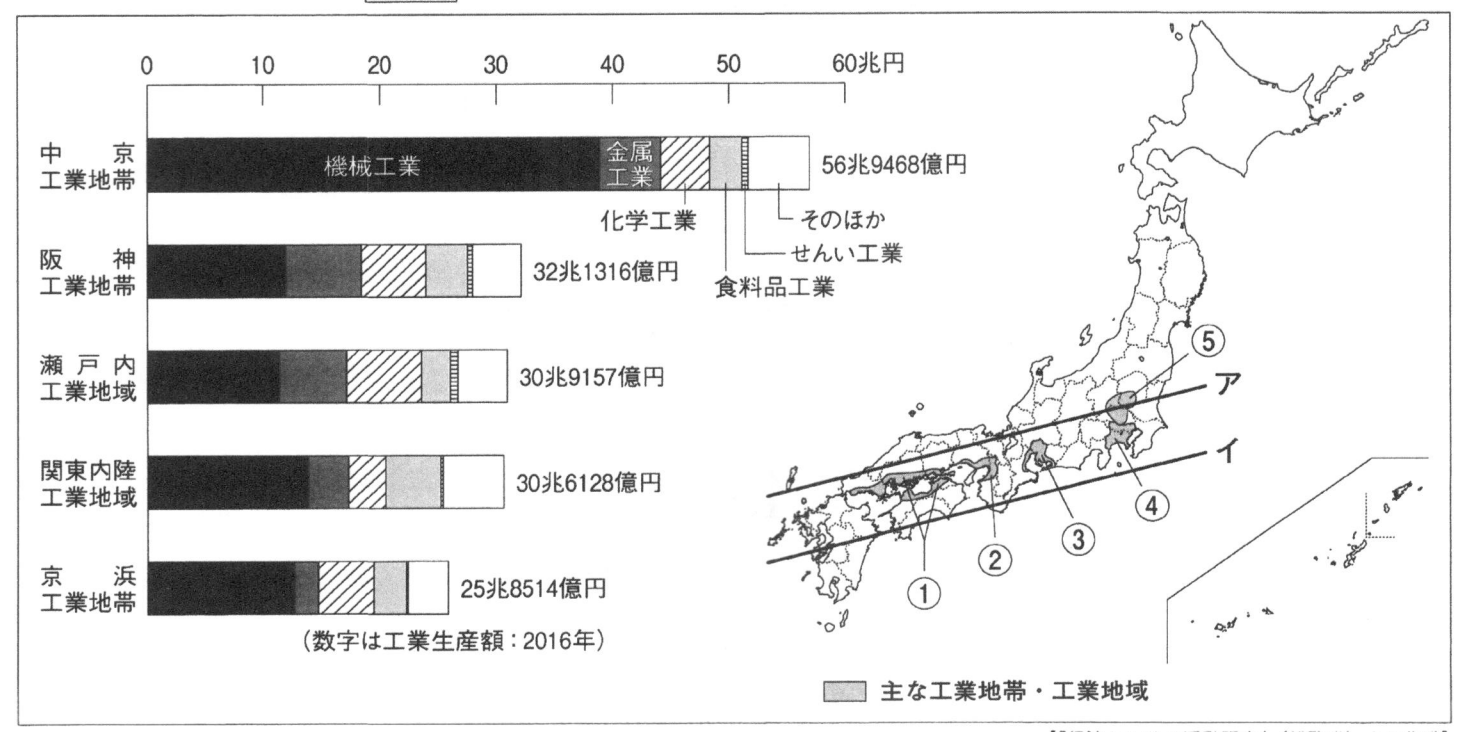

中京工業地帯　機械工業　金属工業　化学工業　食料品工業　せんい工業　そのほか　56兆9468億円

阪神工業地帯　32兆1316億円

瀬戸内工業地域　30兆9157億円

関東内陸工業地域　30兆6128億円

京浜工業地帯　25兆8514億円

（数字は工業生産額：2016年）

主な工業地帯・工業地域

【「経済センサス活動調査」（総務省）より作成】

 ともこ

地図にあるアとイの線の間には，工業地帯や工業地域が帯のように広がっていて，これを（　A　）というのよ。

中京工業地帯の位置は，地図では（　B　）だよ。機械工業の中で，特に豊田市を中心に（　C　）の生産が有名だよ。

 たけし

 たろう

グラフから，関東内陸工業地域は，阪神工業地帯や瀬戸内工業地域と比べて（　D　）と（　E　）の生産額が高いね。

阪神工業地帯の位置は，地図では（　F　）だよ。阪神工業地帯は，グラフにあるほかの工業地帯や工業地域より，鉄鋼などを生産する金属工業の生産額が高いのが特ちょうだね。

 たけし

（1）　ともこさんたちが話すA，C，D，Eにはあてはまる言葉を，B，Fには 資料1 の地図にある①～⑤の中からあてはまる番号を，下の　　　にそれぞれ書きましょう。

A		B		C	
D		E		F	

～話題は，貿易のことになりました。～

たろう

鉄鋼は製鉄所で生産されるよ。 資料2 を見ると，製鉄所は海ぞいに多いことが分かるけれど，どうして海ぞいに多いのかな。

たけし

そのことに関係がある 資料3 と 資料4 と 資料5 を見つけたよ。海ぞいに多い理由について，資料から考えてみようよ。

資料2　日本の主な製鉄所の位置

・主な製鉄所

【「日本国勢図会2019/20年版」より作成】

資料3　鉄鋼の原料である鉄鉱石の輸入の割合（2016年）

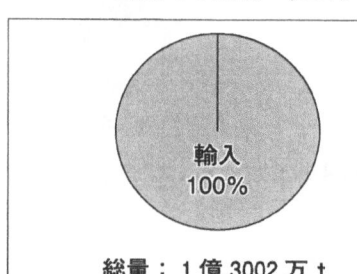

輸入 100%

総量：1億3002万t

【日本鉄鋼連盟ホームページより作成】

資料4　鉄鉱石を船からおろしているところ

資料5　国産の鉄鋼が国内外で使われる割合（2016年）

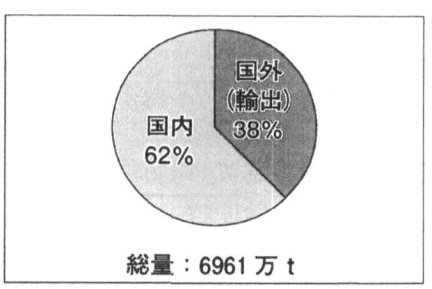

国外（輸出） 38%
国内 62%

総量：6961万t

【日本鉄鋼連盟ホームページより作成】

（2）　製鉄所が海ぞいに多い理由を 資料3 ～ 資料5 から考え，**輸入**と**輸出**の2つの言葉を使って，下の □ に書きましょう。

たろう

日本では，輸入や輸出をするために，船のほかにどんな輸送方法があるのかな。

ともこ

資料6 を見ると，飛行機もあることが分かるわ。船と飛行機の輸送には，それぞれ特ちょうがあるわね。

たけし

資料7 からは，飛行機でどんなものが輸送されているのかが分かるね。

資料6　船と飛行機の輸送量と貿易額

輸送方法	輸送量（t）	貿易額（円）
船	12億5244万	107兆5371億
飛行機	413万	44兆1183億

※輸送量と貿易額は，輸入と輸出を合わせたもの。

【「令和元年版交通政策白書」（国土交通省）他より作成】

資料7　飛行機で輸送される主なもの

パソコンなどに使われる電子部品

スマートフォンなどの通信機器

医薬品

（3）　 資料6 と 資料7 から考えられる，飛行機で輸送されるものの特ちょうを，下の □ に12字以内で書きましょう。

2　たろうさんたちは，日本の食料についての資料を見ながら話しています。

資料1　日本の主な食料の自給率

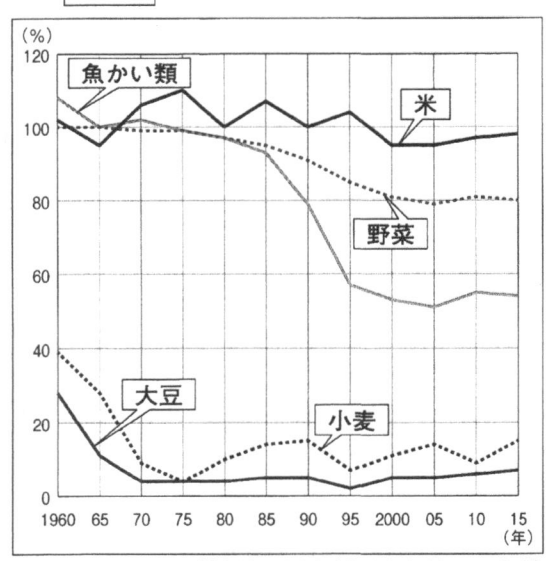

【「食料需給表」（農林水産省）より作成】

資料1 を見ると，魚かい類の自給率は1965年に約100%だったのが，2005年には約（　A　）%に下がっているね。

たろう

小麦は，2010年に約10%になっているわ。1960年の約（　B　）分の1になったのね。

さゆり

大豆は，1995年をのぞいて（　C　）年ごろから約5%であまり変わらないね。

たろう

国内の生産でほとんどまかなわれている食料は（　D　）だよね。

お父さん

（1）　たろうさんたちが話すA〜Cにはあてはまる数字を，Dには 資料1 にある食料の品名を，下の□□□にそれぞれ書きましょう。

A		B		C		D	

ぼくの好きなかぼちゃは，一年中同じようにお店で買うことができるよね。どうしてかな。

たろう

お店の人が市場からかぼちゃを仕入れてくるのよね。市場に入荷する量が分かる 資料2 と 資料3 を見つけたわよ。

お母さん

資料2 を見ると，国産のかぼちゃが市場に入荷する量は月によってちがうね。これは，日本の自然条件によって，かぼちゃのとれる量にちがいがあるからだね。

たろう

資料3 も合わせて見ることで，かぼちゃを一年中同じようにお店で買うことができる理由が分かるね。

お父さん

資料2　国産のかぼちゃが市場に入荷する量

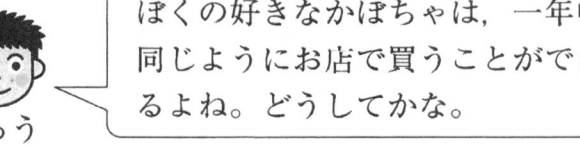

【「東京都中央卸売市場年報（平成30年）」（東京都）より作成】

資料3　外国産のかぼちゃが市場に入荷する量

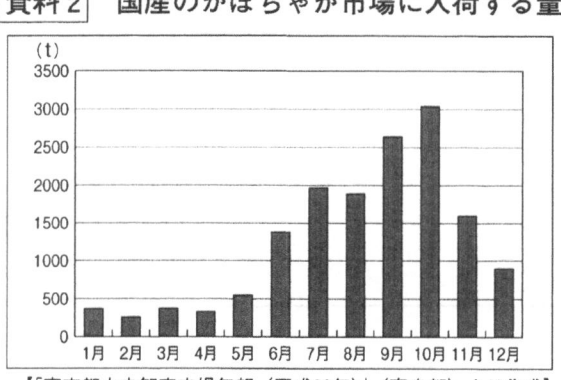

【「東京都中央卸売市場年報（平成30年）」（東京都）より作成】

（2）　かぼちゃを一年中同じように店で買うことができる理由を， 資料2 と 資料3 から考え，**入荷**と**仕入れ**の言葉を使って，下の□□□に書きましょう。

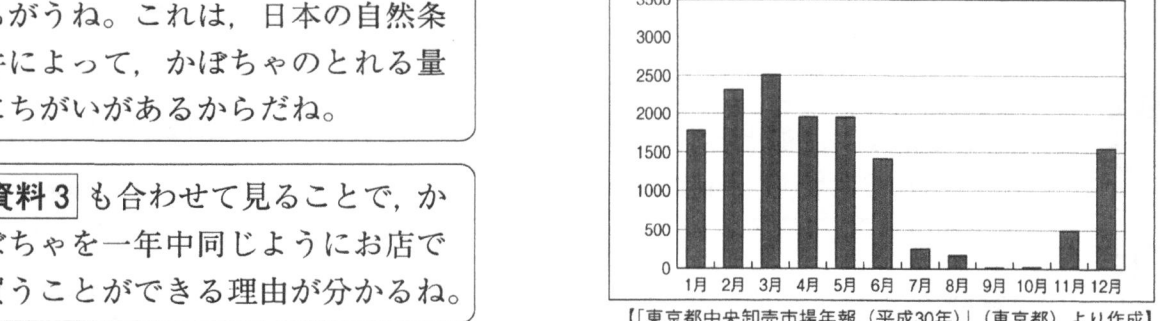

たろう：産地直売所で，地域の農家の人が作った野菜がたくさん売られていたよね。

お父さん：産地直売所で買ってきた大根に 資料4 のようなラベルがはられていたよ。

お母さん：ミニトマトのパッケージにはコードがついていて， 資料5 のような情報が分かるわ。

お父さん： 資料4 と 資料5 から，農家の人が消費者にどんなことを伝えたいのか分かるかな。

資料4 大根にはられたラベル

あまみのある大根ができました！

| 生産者 青森正男  | ○土の健康状態を常に考え，育てました。 ○あまみを十分引き出しました。 |
| 農薬：さいばい期間中不使用 | |

資料5 コードから読み取れる情報

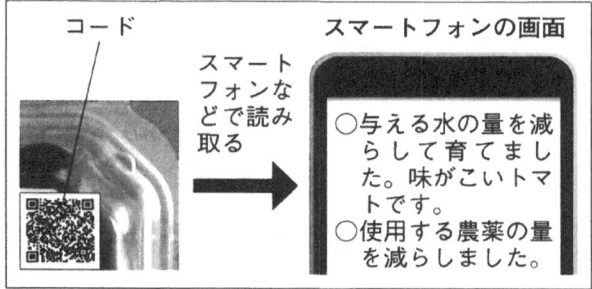

コード → スマートフォンなどで読み取る → スマートフォンの画面

○与える水の量を減らして育てました。味がこいトマトです。
○使用する農薬の量を減らしました。

（3） お父さんが話す下線部について， 資料4 と 資料5 に共通して考えられることを2つ，下の □ にそれぞれ書きましょう。

たろう：産地直売所で，農家の人が自分で作った野菜を加工品にして，はん売しているのを見たよ。どうして農家の人は，自分で加工品を作ってはん売しているのかな。

お父さん：そのことについて 資料6 があるから，考えてごらん。

資料6 農家が収穫したにんにくが消費者に届くまで

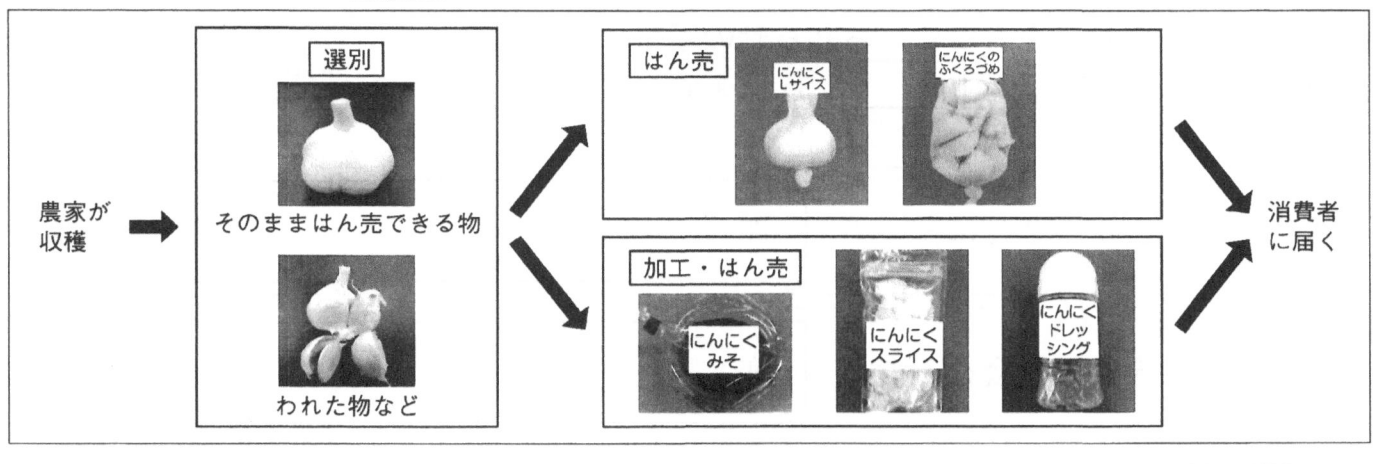

農家が収穫 → 選別（そのままはん売できる物／われた物など） → はん売（にんにくLサイズ／にんにくのふくろづめ）・加工・はん売（にんにくみそ／にんにくスライス／にんにくドレッシング） → 消費者に届く

（4） 農家の人が加工品作りに取り組む理由を， 資料6 から2つ考え，下の □ にそれぞれ書きましょう。

3　6年生の集会係で，1年生との「なかよし集会」の計画を立てています。

たろう

6年生にわたす，1年生との「なかよし集会」のお知らせの下書きができたけれど，まちがいがないか見直してみようよ。

【お知らせの下書き】

1年生との「なかよし集会」のお知らせ

集会係

　なかよし集会が12月に続いて<u>開きます</u>。1年生は，今回の集会をとても<u>楽しいです</u>。みんなで1年生に喜んでもらえる集会にしましょう。

1　日時　　2月19日（金）
　　　　　　3時間目
2　場所　体育館
3　プログラム
　（1）はじめの言葉
　（2）ゲーム
　（3）プレゼント
　（4）感想発表
　（5）おわりの言葉

4　_アじゅんび物　　こう白ぼうし
5　その他
　・各組の集会係は，2月8日と9日の昼休みに，6年2組で打ち合わせをします。
　・1年生に，メッセージカードとしおりをプレゼントします。プレゼント作りに協力してくれる人は，2月12日までに6年2組の三本木先生に話してください。

■集会までの主な予定
　2/12（金）　1年生に_イしょうたい状を_ウくばる
　2/15（月）　プレゼント作り（図工室）　※16時から16時30分
　2/17（水）　予行練習（体育館）　※2時間目，6年生全員
　2/19（金）　なかよし集会（体育館）

ともこ

「開きます」と「楽しいです」の部分を，それぞれの文の内容に合わせて書き直すといいわね。

（1）　ともこさんの意見をもとに，**お知らせの下書き**の「開きます」と「楽しいです」の部分を書き直します。下の　　　　　　にあてはまる言葉を，それぞれ「開」と「楽」に続けて書きましょう。

なかよし集会が12月に続いて	開　　　　　　　　　　　　　　　。
1年生は，今回の集会をとても	楽　　　　　　　　　　　　　　　。

たけし

ぼくが＿＿＿線を引いた言葉を漢字で書き直すといいよ。

（2）　**お知らせの下書き**のア〜ウの＿＿＿線部のひらがなを，**ア**と**イ**は漢字で，**ウ**は漢字と送りがなで，下の　　　　に書きましょう。

ア		イ		ウ	

ひとみ

プレゼント作りに協力してくれる人をぼ集するポスターを作って，ろう下にはりましょう。

【ポスター】

1年生へのプレゼント作り
お手伝いぼ集

〈活動内容〉
○日時……2月（ ① ）日（月）
　　　　　16時から16時30分
○場所……（ ② ）
○作るプレゼント……（ ③ ）

お手伝いをしてくれる人は，6年2組の三本木先生に，（ ④ ）までに話してください。

（3）　ポスターの中の①～④にあてはまる言葉を，お知らせの下書きにある内容から，下の□□□にそれぞれ書きぬきましょう。

①	
②	
③	
④	

～ポスターを作った後，プログラムの内容について話しています。～

たけし
前回の集会から，1年生は今回の集会が行われるのを，「首を長くして」待っているそうだよ。

ひとみ
今回の集会は，1年生にプレゼントがあるから，1年生が喜んでくれるのが「（ ア ）に取るように」分かるわ。

ともこ
前回のゲームのおにごっこでは，6年生のおにの足がとても速くて，1年生が「（ イ ）を丸くして」いたわね。

たろう
今回のゲームだけど，なわとび対決はどうかな。

たけし
1年生と6年生の対決だと，1年生は「（ ウ ）が立たない」と思うよ。

（4）　たけしさんたちは，慣用句を使って話しています。ア～ウにあてはまる，体に関する漢字一字を，下の□□□にそれぞれ書きましょう。

ア		イ		ウ	

～プログラムにあるゲームは，ジャンケン列車をやることになりました。～

ともこ

集会の前に，ジャンケン列車のルールを6年生みんなで確にんする必要があるわね。ルールを書いて6年生に伝えましょうよ。

【ジャンケン列車のルール】

二人でジャンケンをして，負けた人は，勝った人の後ろについて列をつくり，勝った人は，ほかの列の先頭の人を見つけて，全員が一列になるまで<u>それら</u>をくり返して最後まで先頭にいた人がチャンピオンになる。

たけし

ルールを分かりやすく伝えるために書き直してみたけれど，どうかな。

【書き直したジャンケン列車のルール】

① 二人でジャンケンをする。
② 負けた人は，勝った人の後ろについて列をつくる。
③ 勝った人は，ほかの列の先頭の人を見つける。
④ ①から③までを全員が一列になるまでくり返す。
⑤ 最後まで先頭にいた人がチャンピオンになる。

たろう

ジャンケン列車のルールにある<u>それら</u>の内容を分かりやすくするために「 **あ** 」と，書き直したんだね。ルールを分かりやすく伝える工夫がほかにもあるね。

（5） たろうさんが話す **あ** にあてはまる言葉を，**書き直したジャンケン列車のルール**の中から，下の ⬚ に書きぬきましょう。

⬚

（6） たろうさんが話す，ルールを分かりやすく伝えるほかの工夫を，**ジャンケン列車のルール**と**書き直したジャンケン列車のルール**とを比べて，下の ⬚ に二つ書きましょう。

⬚

⬚

ひとみ

ジャンケン列車のほかに，もう一つゲームを考えましょう。1年生と6年生がいっしょに体を動かせるゲームがいいわね。

6年生に聞いたら，ドッジボールをやりたいという意見が多かったよ。ドッジボールは，どの学年でも人気があるから，1年生といっしょにやることに賛成だよ。

たろう

ともこ

1年生のことを考えたら，1年生と6年生がいっしょにドッジボールをやることには反対だわ。

たけし：今回も，<u>1年生と6年生がいっしょに体を動かせるゲーム</u>をやりたいな。前回の集会の後に出された**1年生の感想**と，**集会係の反省**をもとにして，ドッジボールをやることについて考えてみようよ。

【1年生の感想】

- 6年生とおにごっこをやって，とってもたのしかったです。
- おにごっこをやって，ころんだとき，6年生がやさしくこえをかけてくれてうれしかったです。
- 6年生のおにが，すごくはやくて，すぐにタッチされてくやしかったです。
- また6年生となかよししゅう会をやりたいです。つぎは，6年生といっしょにボールであそびたいです。

【集会係の反省】

○よかった点
- 1年生と6年生が集会を仲良く行うことができた。
- 1年生に人気があって，ルールがかん単なおにごっこをやってよかった。

○わるかった点
- 1年生は，6年生のおににすぐにタッチされていた。
- 足が速い6年生がおになると，おにごっこがすぐに終わってしまった。

（7）　なかよし集会で1年生と6年生がいっしょにドッジボールをやることについて，あなたなら，どのように考えますか。**4人の会話**と**1年生の感想，集会係の反省**をもとにして，次の《条件》に合わせて書きましょう。

《条件》① 三段落で構成し，9行以上，12行以内で書くこと。なお，段落の始まりは，一字分あけて書くこと。

② 第一段落は，「賛成」か「反対」のどちらかを一文目の（　　　）に書き，続けて二文目からその理由について書くこと。

③ 第二段落は，第一段落の一文目で述べた意見と逆の立場になって考えたことを，「しかし，」から始めて書くこと。

④ 第三段落は，第一段落と第二段落の内容をもとにして，たけしさんが話す＿＿＿線部のようにするために，どうすればよいか，あなたの考えを具体的に書くこと。

> 　ドッジボールをやることに（　　　）です。
>
>
>
>
>
>
>
>
>
>
>
>
>
> 　　　　　　　　　　　　　　　　　　　　　　　　　　　9行
>
>
>
> 　　　　　　　　　　　　　　　　　　　　　　　　　　　12行

令和 3 年度
県立中学校入学者選抜

適 性 検 査 Ⅱ

時間 45 分
（ 11：15〜12：00 ）

（配点非公表）

― 注 意 ―

1　この用紙は「始めなさい」の合図があるまで開いてはいけません。

2　用紙は全部で9枚あります。指示にしたがって用紙の右下のすみをめくり，枚数を確認しなさい。枚数が不足していたら，だまって手をあげなさい。

3　すべての用紙の右上の決められた欄に，受検番号を書きなさい。

4　筆記用具や定規の貸し借りはいけません。

5　問題を読むとき，声を出してはいけません。

6　「始めなさい」の合図で用紙を開き，解答を始めなさい。

7　印刷が悪いとき，筆記用具や定規を落としたとき，用紙が破れたときなどは，だまって手をあげなさい。

8　「やめなさい」の合図で，すぐに筆記用具を置きなさい。また，この用紙は1枚目を上にして机の上に置きなさい。

9　この用紙を持ち帰ってはいけません。

― 答えの書き方 ―

1　答えは，問題の指示にしたがって書きなさい。

2　答えを求めるための筆算は、答えを書く欄以外の空いている部分を使いなさい。

3　答えはていねいに書きなさい。答えを書き直すときは，きれいに消してから書きなさい。

1 たろうさんたちは，学級のお楽しみ会でやる輪投げゲームの担当になりました。

たろう

> ゲームの賞品にする手作りメダルのリボンを買いにきたよ。2種類の
> リボンがあるね。ねだんが安い方を選ぼうよ。

ともこ

> 青色のリボンは，2.6mで780円，赤色のリボンは，0.8mで280円
> だね。図に表すと，下のようになるわ。

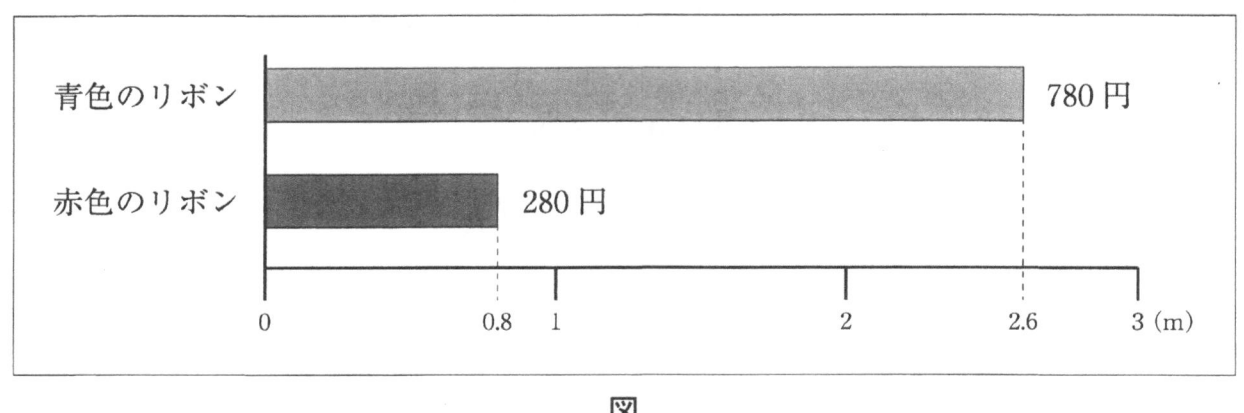

図

たけし

> 同じ長さにして比べると，どちらのリボンのねだんが安いか分かるよ。
> 1m分のねだんで比べてみよう。

（1） **青色と赤色のリボン1m分のねだんを求める式**を下の □ にそれぞれ書きましょう。また，1m分のねだんで比べたときに，どちらの色のリボンの方が何円安いのかを（　　　）に書きましょう。

［青色のリボン1m分のねだんを求める式］

［赤色のリボン1m分のねだんを求める式］

リボン1m分のねだんは（　　　）色の方が（　　　）円安い

輪投げゲームが終わり，たろうさんたちはゲームの記録の表を見て話し合っています。

表　輪投げゲームの記録

名簿番号	得点（点）	名簿番号	得点（点）	名簿番号	得点（点）
①	80	⑨	90	⑰	70
②	50	⑩	40	⑱	50
③	60	⑪	20	⑲	30
④	60	⑫	60	⑳	70
⑤	20	⑬	40	㉑	40
⑥	40	⑭	60	㉒	30
⑦	30	⑮	50	㉓	50
⑧	20	⑯	40	㉔	30

たろう　表を見ると，得点が一番高いのは名簿番号⑨番で，得点が一番低いのは名簿番号⑤，⑧，⑪番だね。

中央値は，得点が12番目と13番目の記録の平均だから　ア　点で，最頻値は　イ　点だね。　ともこ

たけし　ぼくは階級の幅を20点にして，度数分布表に表してみたよ。

（2）　中央値を求める式と，　ア　，　イ　にあてはまる数を，下の　　　にそれぞれ書きましょう。また，度数分布表のあいている　　　に度数を書きましょう。

[中央値を求める式]

ア	
イ	

[度数分布表]

得　点（点）	人　数（人）
0 以上 ～ 20 未満	0
20 ～ 40	
40 ～ 60	
60 ～ 80	
80 ～ 100	
合　計	24

2 たろうさんたちは，アートクラブで箱を作っています。

たろう

ともこ

たけし

1辺が **2 cm** の正方形の紙を，テープで6枚つなげて右のような形にしたよ。これを組み立てると，立方体の箱になるよ。

たろうさんがつなげてできた形には**対称の中心**があるから，点対称な形になっているわ。

6枚の正方形をつなげてできる点対称な形で，組み立てると立方体になる形を，ぼくは，ほかに3種類考えたよ。

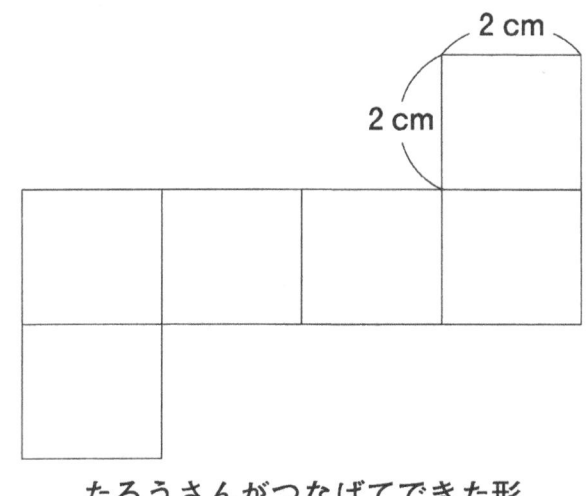

たろうさんがつなげてできた形

（1） ともこさんが話す**対称の中心**をどのように求めたのかが分かるように，定規を使って右の**図**にかきましょう。ただし，**対称の中心**を「•」とします。

[図]

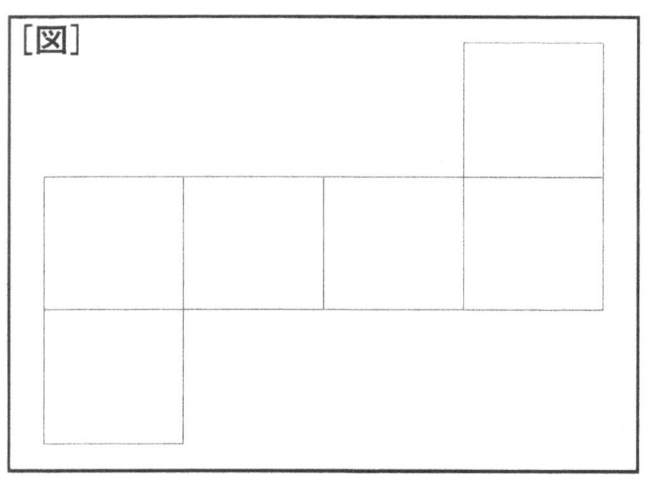

（2） **たけしさんが考えた点対称な形**の3種類のうち2種類を，方眼からはみ出さないように定規を使って下の ☐☐☐ にかきましょう。ただし，正方形の1辺は **2 cm** とし，回転させたり，裏返したりしたときに同じ形になるものは，1種類とします。

[たけしさんが考えた点対称な形]　　※方眼の1目もりは **1 cm** とします。

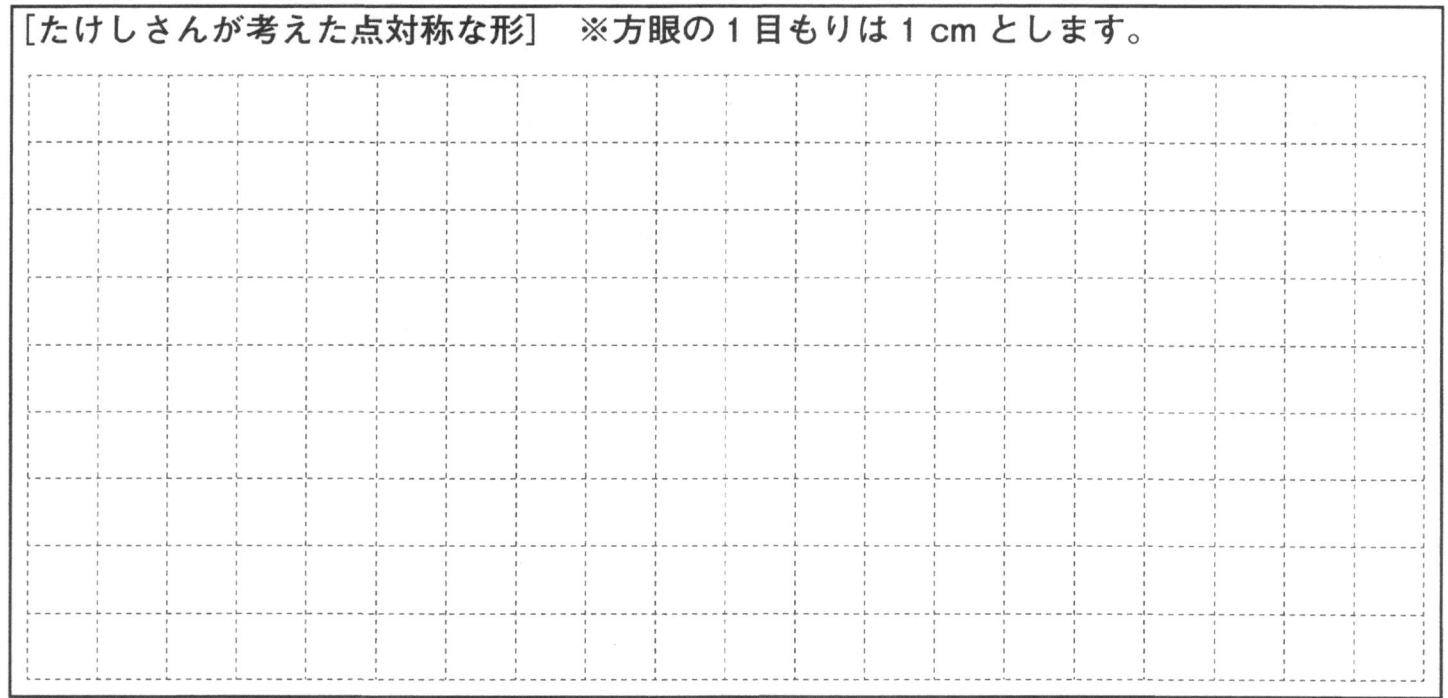

たけしさんたちは，組み立てると直方体の箱になる形について話しています。

たけし

3種類の長方形A，B，Cをそれぞれ2枚ずつ使って，右の形のようにテープでつなげたよ。この形を組み立てると直方体の箱になるよ。

ともこ

6枚の長方形の面積を合わせると616cm²になるわね。

たろう

面積が616cm²なら，A，B，Cそれぞれの縦と横の長さが分かるね。そして，この形を組み立てて直方体にしたときの体積も分かるね。

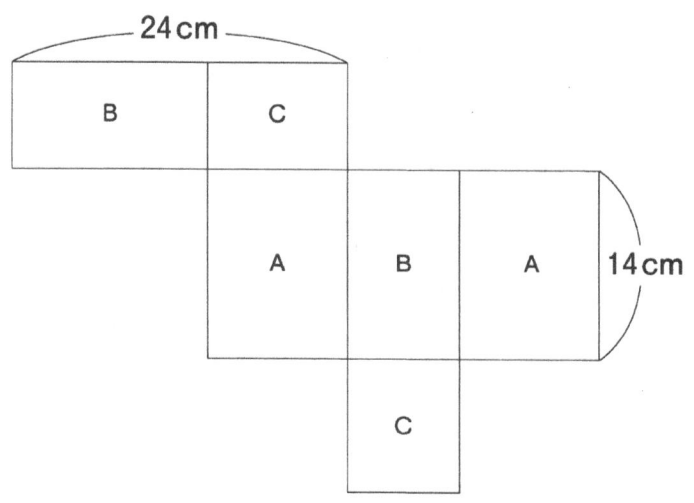

たけしさんがつなげてできた形

（3） A，B，Cそれぞれの縦と横の長さの求め方を下の ☐ に書き，それぞれの長さを （ ） に書きましょう。また，組み立てて直方体にしたときの体積を， ☐ に書きましょう。

[Aの縦と横の長さの求め方]	[Bの縦と横の長さの求め方]	[Cの縦と横の長さの求め方]
A 縦（ ）cm 横（ ）cm	B 縦（ ）cm 横（ ）cm	C 縦（ ）cm 横（ ）cm

組み立てて直方体にしたときの体積は ☐ cm³

3　　たろうさんは，ある晴れた日に，お父さんと妹のさゆりさんの３人で，青森県にある
キャンプ場に出かけました。

たろう

トンボがたくさん飛んでいるね。トンボの体のつくりを，かん単な絵でかいてみるね。

あしはこれからかくのね。トンボのあしは，体のどこに何本ついているのかな。

さゆり

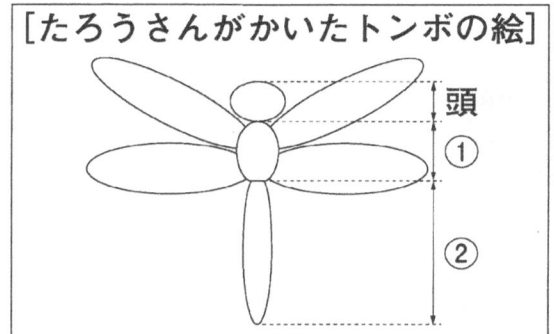
[たろうさんがかいたトンボの絵]
頭
①
②

（1）　トンボのあしをかいた絵として正しいものを，次のア〜エから１つ選び，その記号を
　　　下の　　　に書きましょう。

ア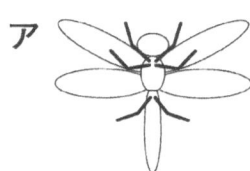　　イ　　ウ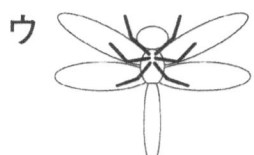　　エ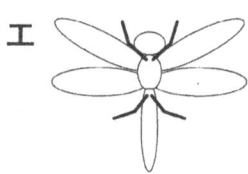

記号	

（2）　**たろうさんがかいたトンボの絵**の，①と②にあてはまる体のつくりを表す言葉を，下
　　　の　　　に書きましょう。

①		②	

さゆり

バッタを草むらで見つけたわ。それから，モンシロチョウが花のみつをすっているのを見たわ。

たろう

ぼくは，トンボのよう虫のやごをたくさん見つけたよ。

お父さん

キャンプ場の周辺で，たくさんのこん虫が，まわりの自然とかかわって生きているんだよ。トンボのよう虫や成虫は，どこで，どのようにして生きているか分かるかな。

図　たろうさんがいるキャンプ場の周辺

（3）　たろうさんたちが見つけたトンボのよう虫や成虫が，どこで見られるか，図にある言
　　　葉を選んで，下の　　　に書きましょう。また，その場所で，**どのようにして生きて**
　　　いるのか，下の　　　にそれぞれ書きましょう。

	[どこで]	[どのように]
よう虫		
	[どこで]	[どのように]
成虫		

〜たろうさんは，その日の午後６時と午後９時に，同じ場所に立って月を観察しました。〜

たろう

午後６時には，南の空に半月が見えていたね。でも，午後９時には，月の位置が変わっているね。

（４）　午後９時の月の位置を表す ◯ を，下の ▢ の**ア〜エ**から１つ選び，月の明るく見える部分をえんぴつでぬりつぶしましょう。

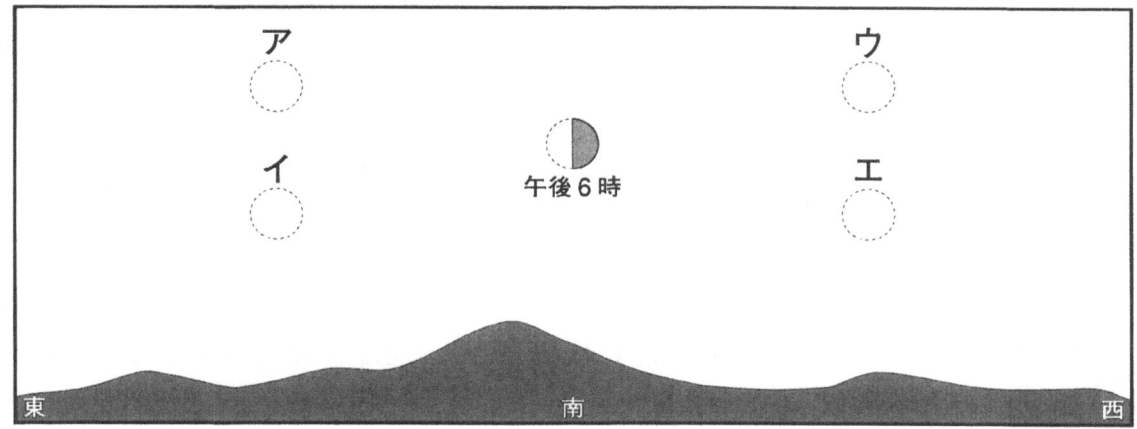

さゆり

空の高いところに３つの明るい星があるわ。

たろう

それらは，はくちょう座のデネブ，こと座のベガ，わし座のアルタイルという星で，この３つの明るい星を結んだものを（　①　）というんだよ。

（５）　たろうさんが話す，①にあてはまる言葉を，下の ▢ に書きましょう。

① ▢

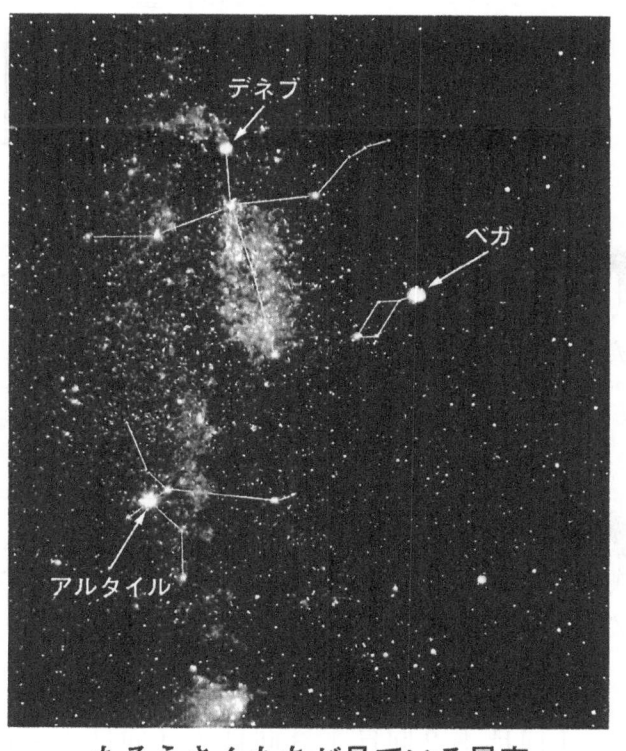

お父さん

去年の夏，沖縄県にみんなで旅行した時も，この３つの明るい星が同じように見えたよね。

たろうさんたちが見ている星空
※星の集まりが分かるように星を線でつないでいます。

【「星座の事典」（株式会社ナツメ社）より作成】

たろう

ということは，観察する年や日時，観察する（　②　）が変わっても，星どうしの（　③　）は変わらない，ということが言えるね。

（６）　たろうさんが話す②と③にあてはまる言葉を，下の ▢ にそれぞれ書きましょう。

② ▢　　③ ▢

4　たろうさんとお父さんは，公園にあるブランコに乗っています。

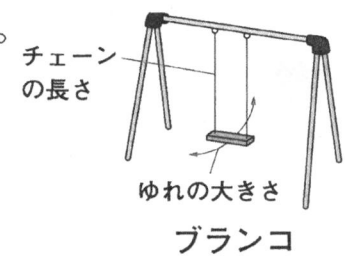

たろう

同じブランコで，ゆれの大きさを同じにして1往復する時間を比べてみたよ。お父さんは，ぼくより体重が重いから，1往復する時間は短いと予想していたのに，ほとんど同じなのはどうしてかな。

お父さん

図のようなふりこがあるから，ブランコをふりこにおきかえて，1往復する時間について調べてみよう。

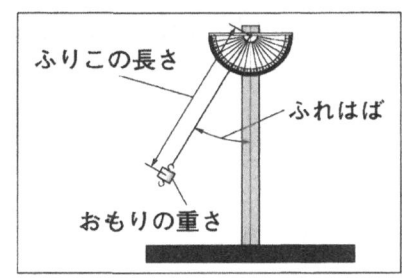

図　ふりこ

（1）　ブランコをふりこにおきかえると，ブランコの「人の体重」「ゆれの大きさ」「チェーンの長さ」が，図の「ふりこの長さ」「おもりの重さ」「ふれはば」のどれにあたるのか，下の□□□にそれぞれ書きましょう。

ブランコ	人の体重	ゆれの大きさ	チェーンの長さ
ふ り こ			

たろう

「ふりこが1往復する時間はおもりの重さによって変わるのか」という問題について，ふりこで実験してみよう。ふりこが1往復する時間を，ストップウォッチで計ってみるよ。

ふりこが1往復する時間を計るより，ふりこが10往復する時間を計って10でわるほうが，より正確に求めることができるよ。

お父さん

たろう

お父さんが話す方法で，より正確に求めることができるのか，同じ条件のふりこを使って調べてみよう。

表1　1往復する時間を計った結果

1回目	2回目	3回目	4回目	5回目
1.32秒	1.68秒	1.39秒	1.28秒	1.33秒

表2　10往復する時間を計って10でわった結果

1回目	2回目	3回目	4回目	5回目
1.28秒	1.33秒	1.31秒	1.29秒	1.31秒

（2）　お父さんが話す下線部の方法で，ふりこが1往復する時間をより正確に求めることができると考えられる理由を，表1と表2の数値を使って，下の□□□に説明しましょう。

たろうさんは，問題を解決するための実験方法を考えました。

ぼくは，おもりの重さを重くした方が，1往復する時間が短くなると予想しているよ。ふれはばを変えないで，ふりこのおもりの先に，②，③のようにおもりを付けたして調べることにしたよ。

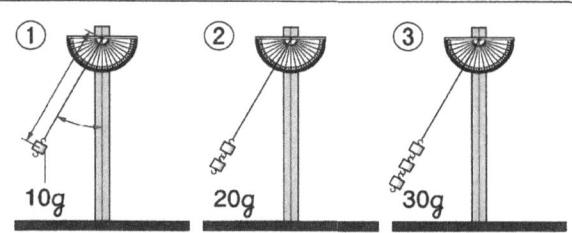
① 10g
② 20g
③ 30g

～たろうさんは，①から③の順番に実験をしました。～

おもりを重くしたら，どうしてふりこが1往復する時間が長くなったのかな。

この実験方法だと，変えようとした条件以外にも変わってしまった条件があるから，正しい実験をすることができなかったんだね。

お父さん

（3）お父さんが話す下線部について，**変えようとした条件**と**変わってしまった条件**を，下の □ にそれぞれ書きましょう。

変えようとした条件	
変わってしまった条件	

ふりこの条件を整理して，ア〜シの実験をした結果を**表3**にまとめたよ。

お父さん

今度は，正しい方法で実験できたね。それでは，この実験結果から，たろうの予想について考えてみよう。

（4）たろうさんは，自分の予想について**表3**をもとに考察しました。あなたがたろうさんなら，どの実験結果をもとに，どのように考察しますか。**ア〜シ**から考察に必要な実験結果の記号を**3つ**選んで（　　）に書き，**考察**を下の □ に書きましょう。

表3　たろうさんの実験結果

	おもりの重さ	ふりこの長さ	ふれはば	1往復の時間
ア	10 g	20 cm	15 度	0.91 秒
イ	10 g	20 cm	30 度	0.91 秒
ウ	10 g	30 cm	15 度	1.12 秒
エ	10 g	30 cm	30 度	1.12 秒
オ	20 g	20 cm	15 度	0.91 秒
カ	20 g	20 cm	30 度	0.91 秒
キ	20 g	30 cm	15 度	1.12 秒
ク	20 g	30 cm	30 度	1.12 秒
ケ	30 g	20 cm	15 度	0.91 秒
コ	30 g	20 cm	30 度	0.91 秒
サ	30 g	30 cm	15 度	1.12 秒
シ	30 g	30 cm	30 度	1.12 秒

選んだ実験結果は（　　　　），（　　　　），（　　　　）

[考察]

青森県立三本木高等学校附属中学校

令和 2 年度
県立中学校入学者選抜

適性検査 Ⅰ

時間 45 分
（ 10：00〜10：45 ）

（配点非公表）

───── 注　意 ─────

1　この用紙は「始めなさい」の合図があるまで開いてはいけません。
2　用紙は全部で9枚あります。指示にしたがって用紙の右下のすみをめくり，枚数を確認しなさい。枚数が不足していたら，だまって手をあげなさい。
3　すべての用紙の右上の決められた欄に，受検番号を書きなさい。
4　筆記用具の貸し借りはいけません。
5　問題を読むとき，声を出してはいけません。
6　「始めなさい」の合図で用紙を開き，解答を始めなさい。
7　印刷が悪いとき，筆記用具を落としたとき，用紙が破れたときなどは，だまって手をあげなさい。
8　「やめなさい」の合図で，すぐに筆記用具を置きなさい。また，この用紙は1枚目を上にして机の上に置きなさい。
9　この用紙を持ち帰ってはいけません。

───── 答えの書き方 ─────

1　答えは，問題の指示にしたがって書きなさい。
2　答えはていねいに書きなさい。答えを書き直すときは，きれいに消してから書きなさい。

1 　階上町に住むたろうさんとお父さんは，青森県の地図を見ながら話しています。

資料1　青森県の主な地形の様子

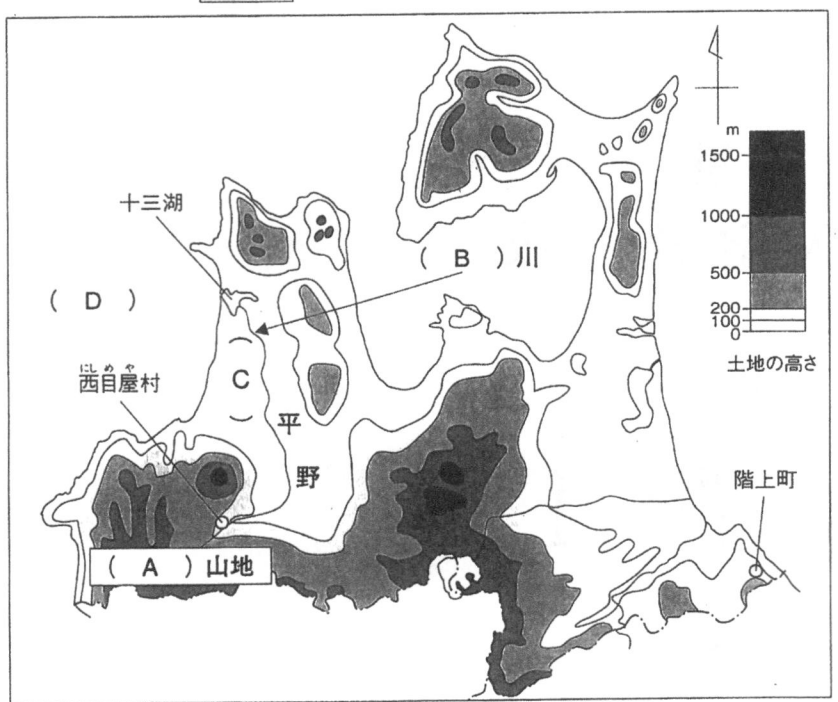

資料1 を見ると，おじいさんが住んでいる西目屋村には，世界遺産に登録されている（　A　）山地があるね。
たろう

（　A　）山地が水源の（　B　）川は，米づくりがさかんな（　C　）平野を通って，十三湖にそそいでいるよ。
お父さん

十三湖は，（　D　）という海につながっているんだね。
たろう

（1）　たろうさんとお父さんが話すA〜Dにあてはまる言葉を，下の　　　　にそれぞれ書きましょう。

A		B		C		D	

資料2 を見ると，青森市には，鉄道や高速道路，港，空港が集まっているね。
たろう

青森市にある青森港には，大きな客船がよく来ているよ。（　E　）湾を通って来るんだよ。
お父さん

青森県内に新幹線の駅は，八戸駅，（　F　）駅，新青森駅，奥津軽いまべつ駅があるんだね。
たろう

新幹線は，（　G　）トンネルという，日本で一番長い海底トンネルを通って，北海道まで行くんだね。
お父さん

資料2　青森県の主な交通の様子

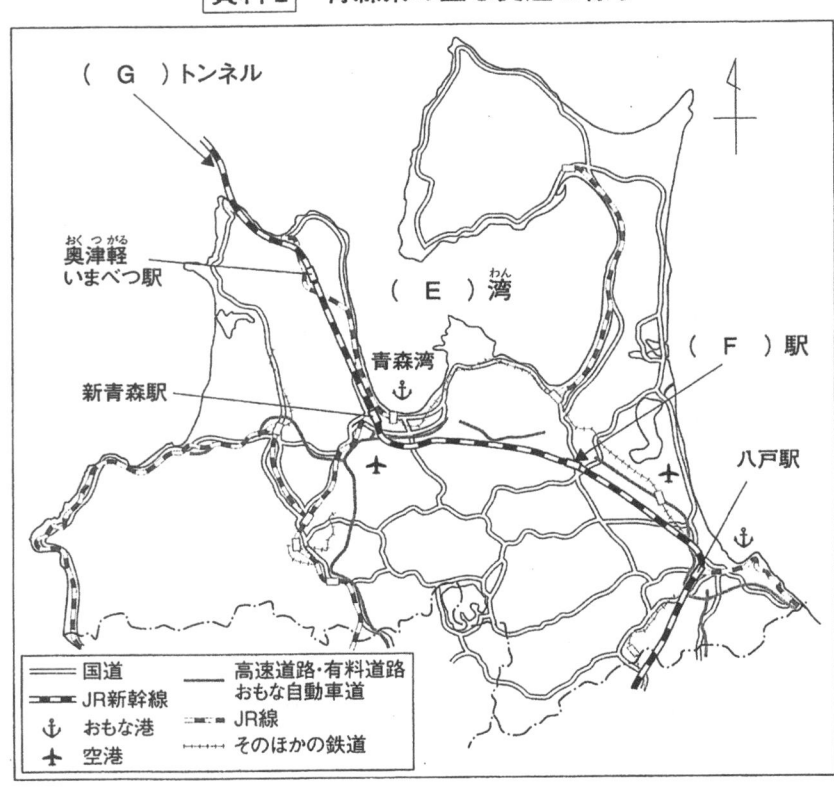

（2）　たろうさんとお父さんが話すE〜Gにあてはまる言葉を，下の　　　　にそれぞれ書きましょう。

E		F		G	

〜話題が，青森県のひらめの資源管理のことになりました。〜

たろう

青森県は，ひらめが有名だよね。

お父さん

青森県は，ひらめの資源管理に力を入れているよ。その中で階上町（はしかみ）を中心に，さいばい漁業に取り組んでいるんだよ。そのことに関係がある 資料3 をみつけたよ。

たろう

青森県のひらめのさいばい漁業がどのように行われているか，資料3 の①〜④の順に考えてみるよ。

資料3　ひらめの資源管理

（3）　さいばい漁業について，資料3 の①と③で，どのようなことが行われているか，下の □ にそれぞれ書きましょう。

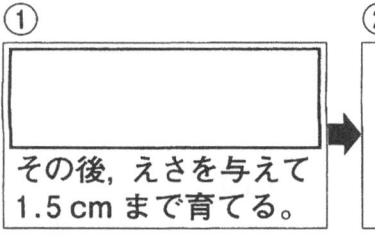

① □（その後，えさを与えて1.5cmまで育てる。）　➡　② 5cm以上に大きくなるまで育てる。　➡　③ □　➡　④ 大きくなったひらめをとる。

たろう

どうして青森県では，ひらめのさいばい漁業が始まったのかな。

資料4 と 資料5 から，なぜ青森県では，ひらめのさいばい漁業が始まったのか，さいばい漁業が始まってどうなったのか，考えてごらん。

お父さん

資料4　青森県のひらめ漁業の年表

年	できごと
1987	ひらめを青森県の魚に制定する。
1989	漁獲量（ぎょかくりょう）が1960年以降（いこう）最低となる。
1990	青森県がひらめの資源管理の計画を決定する。 ひらめのさいばい漁業を開始する。

【「青森県太平洋海域ヒラメ資源回復計画」「青森県資源管理指針」より作成】

資料5　青森県のひらめの漁獲量

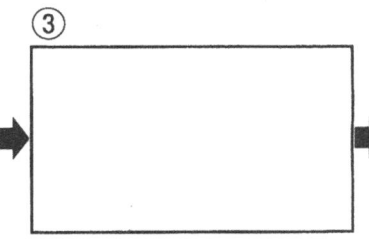

【農林水産省ホームページ　海面漁業生産統計調査より作成】

（4）　お父さんが話す下線部について，資料4 と 資料5 から考え，下の □ に書きましょう。ただし，漁獲量の変化をもとにして書くこと。

2　たろうさんたちは，江戸時代から明治時代への変化について話しています。

たろう

> 江戸時代から明治時代になって，人々のくらしで変わったところがあるのかな。

さちこ

> 資料1 と 資料2 をくらべてみると，同じ場所だけど，外国から新しいものを取り入れて生活が変わったところが分かるわよ。

資料1　江戸時代末ごろの日本橋近くの様子

資料2　明治時代初めの日本橋近くの様子

（1）　資料1 と 資料2 をくらべて，江戸時代から明治時代になって変わったところの中から2つ，下の　　　　　にそれぞれ書きましょう。

江戸時代末ごろには，		けれど，
明治時代初めには，		いる。

江戸時代末ごろには，		けれど，
明治時代初めには，		いる。

たけし

> 世の中の変化は，大きかったと思うよ。どのような人々が，かかわったのかな。明治時代に活やくした人物を 資料3 にまとめてみるよ。

資料3　明治時代に活やくした人物

福沢諭吉（ふくざわゆきち）

「　A　」という本を書き，学問が必要なことを主張した。新しい時代の中で多くの人々にえいきょうを与えた。

板垣退助（いたがきたいすけ）

国会を開くことを主張した。国会を開き，憲法（けんぽう）をつくることを求める動きは，（　B　）運動として広まった。

伊藤博文（いとうひろぶみ）

ドイツの憲法を学び，帰国後，内閣（ないかく）制度をつくり（　C　）憲法をつくる仕事に力を注いだ。

（2）　資料3 のA〜Cにあてはまる言葉を，下の　　　　　にそれぞれ書きましょう。

A		B		C	

ともこ

明治時代の主なできごとを 資料4 にまとめたわ。1871年の（　D　）とは，政府が藩をなくし，新たに県と府を置いたことよ。

資料4　明治時代の主なできごと

年	主なできごと
1871	（　D　）が行われる
	海外使節団が出発する
1872	富岡製糸場が建てられる…①
1873	徴兵令が出される…②
	地租改正が行われる
1885	内閣制度ができる
1890	第一回帝国議会が開かれる

たけし

地租改正により，農民の税の納め方が変わったんだよね。江戸時代は（　E　）で納めていた税が，明治時代は（　F　）で納めるようになったんだね。

（3）　ともこさんたちが話しているD〜Fにあてはまる言葉を，下の　　　　にそれぞれ書きましょう。

D		E		F	

さちこ

官営工場の富岡製糸場では，生糸をつくっていたのよね。そのことに関係がある 資料5 と 資料6 をみつけたわ。富岡製糸場ができたことで，日本の生糸の輸出量は，江戸時代よりも大きく増えたのよ。

明治時代には，資料4 の①と②のように国が富国強兵に力を入れていたんだね。

たろう

資料5　江戸時代の生糸作りの様子

江戸時代は，このような道具を使って農家が家で作業をすることが多かった。品質のよい生糸を作るには，熟練した技術が必要だった。
【群馬県立日本絹の里所蔵】

資料6　富岡製糸場での生糸の生産の様子

富岡製糸場では，フランスから輸入した３００台の糸くり機械を使って，フランス人技師の指導のもと生糸の生産を始めた。

（4）　さちこさんが話す，日本の生糸の輸出量は，江戸時代よりも大きく増えた理由を 資料5 と 資料6 から考え，下の　　　　に書きましょう。

（5）　たろうさんが話す，国が力を入れていた「富国強兵」とはどういうことか，資料4 の①と②から考え，下の　　　　に書きましょう。また，国が富国強兵に力を入れていた理由を，下の　　　　に書きましょう。

富国強兵とはどういうことか	
富国強兵に力を入れていた理由	

3　ひとみさんたち図書委員は，学校の図書館で，全校に読書をすすめる活動について話し合っています。

ひとみ

図書館にかざる「おすすめ本カード」の下書きを作ったけれど，まちがいがないか見直しましょう。

【おすすめ本カード①】

レンタルロボット

作：たきい　さちよ

例 は
健太わ，「ロボットかします」とゆう店を見つけ，自分のこずかいで「弟ロボット」を手に入れました。

ねがいがかなっておうよろこびの健太。

ところが，お兄ちゃんとしてがまんすることも少しずつ出てきて，だんだんとけんかおすることも……。

たろう

おすすめ本カード①で，かなづかいを直した方がいいところがあるよ。

（1）おすすめ本カード①の文章で，かなづかいがまちがっているところがあります。正しいかなづかいを 例 にならって，左のおすすめ本カード①の文章に，すべて書きましょう。

例

は
健太わ，「ロボット

【おすすめ本カード②】

ともだちは海のにおい

作：工藤　直子

いるかとくじらが ともだち になった。
ア
せいかく が反対のふたりは さんぽ した
イ　　　　　　　　　　　　　　ウ
り，手紙を書いたりして仲良しに。

「コドク」もいいけれど「いっしょ」もうれしいのだと知ったふたり……。

ユーモアに みちた 作品です。いい気持
エ
ちでいっぱいになります。

たけし

おすすめ本カード②で，ぼくが＿＿＿線を引いた言葉を，漢字で書き直すといいよ。

（2）おすすめ本カード②の＿＿＿線部のひらがなを，ア～ウは漢字で，エは漢字と送りがなで，下の □ に書きましょう。

ア	
イ	
ウ	
エ	

〜読み聞かせ会の計画についての話題になりました。〜

【計画メモ】

読み聞かせ会（1，2年生）		
時　間	昼休み（毎週火曜日）11月○　12月×	
場　所	図書館	
読み聞かせをする人	校長先生	・人気がある　　→たくさん集まる・いっぱい本を知っている　　→楽しめる本を選んでくれる

たろう
計画メモをもとに，校長先生に読み聞かせをお願いする**手紙**を書いてみたよ。直した方がよいところを教えてくれないかな。

【手紙】※　　　の①から③までは，あとの問いと関係があります。

校長先生へ

　図書委員会では，1，2年生に読み聞かせ会を開く計画を立てています。そこで，校長先生による読み聞かせを考えています。

　読み聞かせをすると，集まってくれると思います。　①　校長先生は，1，2年生に人気があるからです。　②　校長先生は，楽しめる本をきっと選んでくれると思います。　①　多くの本を知っているからです。

　読み聞かせ会は，昼休みに開きたいと考えています。あとで，都合をお聞きしたいと思います。

③

令和元年10月21日

図書委員会

ひとみ
読み聞かせをすると，集まってくれるの部分は，だれが読み聞かせをして，だれが集まるのかが分かるように，それぞれに主語を付けて書き直した方がいいわね。

（3）　ひとみさんが話したことをもとに，**手紙**の読み聞かせをすると，集まってくれるの部分を書き直します。下の　　　　にあてはまる言葉を書きましょう。ただし，**手紙**にある言葉を書きぬくこと。

	が読み聞かせをすると，		が集まってくれる

たけし
　①　と　②　のところには，つなぎ言葉を入れると，意味が分かりやすい文章になるよ。つなぎ言葉の後に，読点も付けてね。

（4）　**手紙**の　①　と　②　にあてはまるつなぎ言葉を，読点を付けて下の　　　　にそれぞれ書きましょう。

①		②	

ひとみ

> **手紙**の<u>読み聞かせ会は，昼休みに開きたい</u>の部分を，「いつ」「どこで」開くのかが分かるように書き直した方が，校長先生にもっとくわしく伝わると思うわ。

（5）　ひとみさんが話したことをもとに，**手紙**の<u>読み聞かせ会は，昼休みに開きたい</u>の部分を書き直します。「読み聞かせ会は，」に続け，「開きたい」につなげるように，文を下の□□□□に書きましょう。ただし，**計画メモ**の内容をもとにすること。

読み聞かせ会は，
開きたい

たけし

> 校長先生に送る**手紙**の目的を考えて，**手紙**の□③□のところに結びのあいさつの文を入れるといいよ。

（6）　たけしさんが話したことをもとに，**手紙**の□③□に入る一文を，下の□□□□に書きましょう。

～学級文庫の利用についての話題になりました。～

> ６年生のわたしの学級で，９月から１０月までの学級文庫の利用についてアンケートをとってみたわ。その結果をもとに，学級のみんなにもっと利用してもらうには，どのような本を学級文庫に置いたらよいか，いっしょに考えてくれないかな。

ひとみ

【アンケート結果】

1　学級文庫の本を読んでいますか。
　　　　　　　　　　　　　（９月～１０月）
　・はい　　　……14 人
　・いいえ　　……20 人

2　1で「いいえ」と答えた人に聞きます。
　それは，どうしてですか。
　（いくつ答えてもよい。）
　・読みたい本がない　　　　……15 人
　・字がいっぱいの本が多い　……11 人
　・全部読んでしまった　　　　……9 人
　・その他　　　　　　　　　　……4 人

3　学級文庫にどのような本を置いてほしいですか。次の中から一つ選んでください。
　（「その他」を選んだ人は，置いてほしい本を書くこと。）

こわい話，ホラー		8 人
たんてい，推理もの		7 人
歴史の読み物		4 人
ファンタジー		3 人
その他	まんが	10 人
	図かん	2 人

たろう

学級文庫には，まんがを置いてないけれど，**アンケート結果**から，まんがを置いたらいいと思うよ。その理由は，**3**の内容から考えると，| ア |からだよ。**2**の内容から考えると，まんがには絵がたくさんあるから，特に，| イ |と答えた人たちがもっと利用してくれると思うよ。

（7）　たろうさんが話す| ア |と| イ |に入る内容を，**アンケート結果**をもとに，下のにそれぞれ書きましょう。

ア	
イ	

たけし

ぼくもまんがを置くことには賛成だけれど，学級のみんなにもっと利用してもらうには，**アンケート結果**から，<u>まんがの他にもいろいろな本を置いたらいい</u>と思うんだ。

（8）　あなたがたけしさんなら，<u>まんがの他にもいろいろな本を置いたらいい</u>という理由を，どのように考えますか。次の《条件》に合わせて書きましょう。

《条件》　①　二段落で構成し，６行以上，９行以内で書くこと。なお，段落の始まりは，一字分あけて書くこと。
　　　　　②　第一段落は，**アンケート結果**の**3**の内容をもとに，「3の内容から考えると，」に続けて書くこと。
　　　　　③　第二段落は，**アンケート結果**の**2**の内容をもとに，「2の内容から考えると，」から始めて書くこと。

　　３の内容から考えると，

6行

9行

受検番号

令和 2 年度
県立中学校入学者選抜

適 性 検 査 Ⅱ

時間 45 分
（ 11：10〜11：55 ）

（配点非公表）

― 注　意 ―

1　この用紙は「始めなさい」の合図（あいず）があるまで開いてはいけません。
2　用紙は全部で９枚（まい）あります。指示にしたがって用紙の右下のすみをめくり，枚数（まいすう）を確認（かくにん）しなさい。枚数が不足していたら，だまって手をあげなさい。
3　すべての用紙の右上の決められた欄（らん）に，受検番号を書きなさい。
4　筆記用具や定規（じょうぎ）の貸し借りはいけません。
5　問題を読むとき，声を出してはいけません。
6　「始めなさい」の合図で用紙を開き，解答を始めなさい。
7　印刷が悪いとき，筆記用具や定規を落としたとき，用紙が破れたときなどは，だまって手をあげなさい。
8　「やめなさい」の合図で，すぐに筆記用具を置きなさい。また，この用紙は１枚目を上にして机の上に置きなさい。
9　この用紙を持ち帰ってはいけません。

― 答えのかき方 ―

1　答えは，問題の指示にしたがってかきなさい。
2　答えを求めるための筆算は，答えをかく欄以外の空いている部分を使いなさい。
3　答えはていねいにかきなさい。答えをかき直すときは，きれいに消してからかきなさい。

1　たろうさんは，たくさんのにわとりを飼っているおじさんの家に行きました。おじさんは，にわとりが産んだたまごを道の駅で売っています。

たろう

にわとりが産んだたまごを，どのようにして売っているのですか。

同じぐらいの重さのたまごを，１０個入り１パックにして売っています。Ｌサイズだと１個の重さが，６４ｇ以上７０ｇ未満でなければいけません。Ｌサイズ１０個入り１パックから取り出した４個のたまごそれぞれの重さは，６６ｇ，６５ｇ，６８ｇ，６９ｇでした。

おじさん

この４個のたまごの１個平均の重さをもとにすると，Ｌサイズ１０個入り１パックの重さは何ｇになるのかな。

たろう

（1）　４個のたまごの１個平均の重さをもとにして，たまご１０個入り１パックの重さを求めます。**平均の重さを求める式**と，**１０個入り１パックの重さを求める式**を □ にそれぞれ書き，答えを（　　　）に書きましょう。ただし，パック（入れ物）の重さは考えないものとします。

[平均の重さを求める式]
[１０個入り１パックの重さを求める式]
たまご１０個入り１パックの重さは（　　　　　）ｇ

たろうさんは，たまごのパックづめを手伝うことにしました。

たろう　　パックづめを終えた後に，ねだんのシールをはって出荷するんだね。

　おじさんは，パックづめを終えたたまごを持って，家から歩いて道の駅へ出荷に向かいました。たろうさんは，ねだんのシールをはりわすれたことに気づき，おじさんが出発してから１２分後に自転車でおじさんの後を追いかけました。
　おじさんの速さは分速８０ｍ，たろうさんの速さは分速２００ｍです。

〈はじめ〉

おじさん　　　　　　　　　　　　　　　　　　　　　　　　　　　　　　　道の駅
家

〈１２分後〉

たろう　　　　　　　　　　　　　　　おじさん　　　　　　　　　　　　　道の駅
家

（２）　たろうさんが家を出発してから，何分後におじさんに追いつくのかを求めます。はじめに，**おじさんが１２分間で進んだ道のりを求める式**を ▢ に書きましょう。次に，**２人の間のきょりがどう変わっていくのかをあらわした表**の①～⑫にあてはまる数を ▢ にそれぞれ書き，答えを（　　　）に書きましょう。

[おじさんが１２分間で進んだ道のりを求める式]

[２人の間のきょりがどう変わっていくのかをあらわした表]

たろうさんが進んだ時間　（分）	0	1	2	3		⑩
おじさんが進んだ道のり（m）	①	③	⑤	⑦		⑪
たろうさんが進んだ道のり（m）	0	200	400	⑧		⑫
２人の間のきょり（m）	②	④	⑥	⑨		0

たろうさんが家を出発してから（　　　　　）分後におじさんに追いつく

2 たろうさんたちは，全校遠足でたくさんの動物とふれ合える動物広場に行きました。

たろう

子馬が地面にはえている草を食べる姿がかわいいね。

子馬が遠くに行かないように，馬小屋にひもでつながれているね。

ともこ

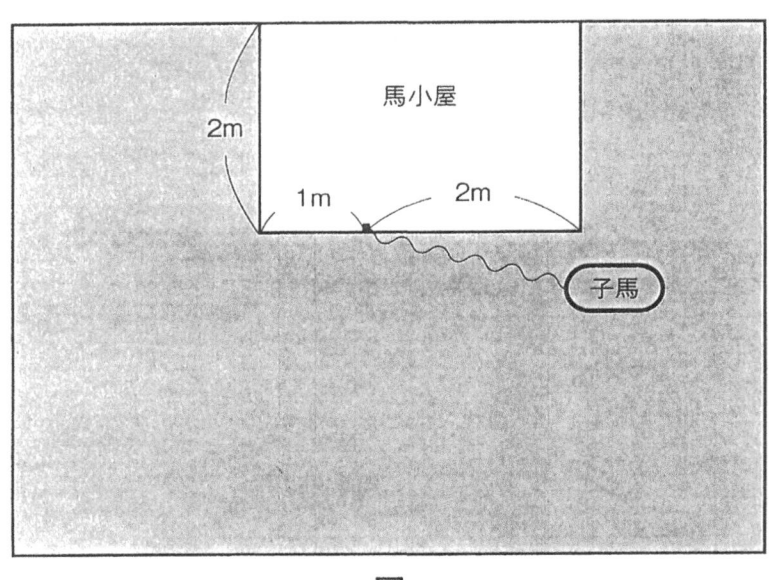

馬小屋

2m

1m　　2m

子馬

図

係員さん

子馬は，つながれている所からもっとも遠い所で3mの地面の草を食べることができます。馬小屋のまわりは，左の図のようになっています。

ともこ

ひもは馬小屋の角の所で折れ曲がるから，馬小屋の両わきにも草を食べることができる所があるのね。

※ □□□ は，草がはえている地面を表している。
※馬小屋は，長方形である。

たろう

子馬が草を食べることができる地面の広さは，何 m^2 になるのかな。

（1） 子馬が草を食べることができる地面の広さは，何 m^2 になるのでしょうか。求め方を □□□ に書き，答えを（　　）に書きましょう。

[求め方]

子馬が草を食べることができる地面の広さは（　　　　　　）m^2

たろうさんたちは，牛にゅうを係員さんからもらい，分けました。

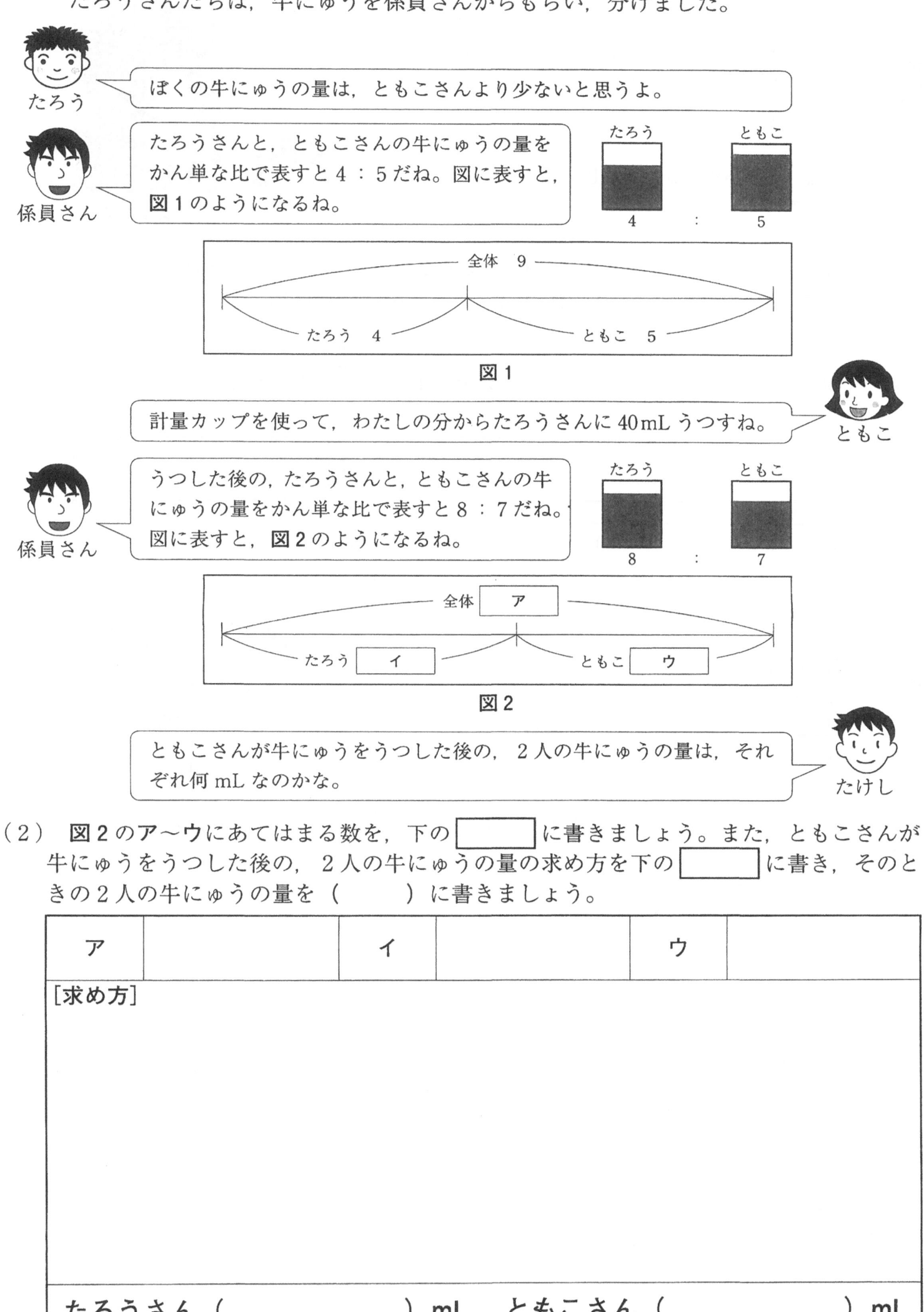

たろう：ぼくの牛にゅうの量は，ともこさんより少ないと思うよ。

係員さん：たろうさんと，ともこさんの牛にゅうの量をかん単な比で表すと4：5だね。図に表すと，図1のようになるね。

たろう　4　：　ともこ　5

全体　9

たろう　4　　　ともこ　5

図1

ともこ：計量カップを使って，わたしの分からたろうさんに40mLうつすね。

係員さん：うつした後の，たろうさんと，ともこさんの牛にゅうの量をかん単な比で表すと8：7だね。図に表すと，図2のようになるね。

たろう　8　：　ともこ　7

全体　ア

たろう　イ　　　ともこ　ウ

図2

たけし：ともこさんが牛にゅうをうつした後の，2人の牛にゅうの量は，それぞれ何mLなのかな。

（2）　図2のア〜ウにあてはまる数を，下の　　　　　に書きましょう。また，ともこさんが牛にゅうをうつした後の，2人の牛にゅうの量の求め方を下の　　　　　に書き，そのときの2人の牛にゅうの量を（　　　）に書きましょう。

ア		イ		ウ	

[求め方]

たろうさん（　　　　　　　）mL　　ともこさん（　　　　　　　）mL

3 たろうさんたちは，水を入れた容器を火にかけて熱しています。

 さゆり：水を熱すると，水の中から大きなあわが出てきたわ。それから，容器の上の少しはなれたところに，白いものが見えたわ。

 お母さん：水は，温度が変わると，水じょう気や氷にすがたを変えるのよ。

水を熱する様子

 たろう：ふつう見られる水のように流れやすいすがたを（ ① ）というよ。氷のように形のはっきりしたすがたを（ ② ）というよ。水じょう気のように目に見えないすがたを（ ③ ）というよ。

（1） たろうさんが話す，①〜③にあてはまる言葉を，下の □ にそれぞれ書きましょう。

①		②		③	

 お母さん：水は，熱せられて（ ④ ）℃に近づくと，水じょう気の大きなあわがはげしく出てくるのよ。このことを水の（ ⑤ ）というのよ。

 たろう：右の図で考えてみると，Aのところで，水のすがたが変化して，白いものがあらわれているね。このとき，<u>水が何から何に変化したのか</u>，<u>なぜ変化したのか</u>説明してみるよ。

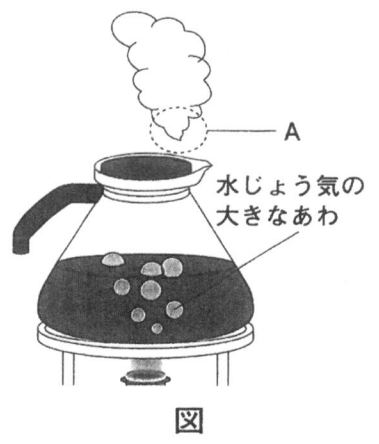
A ←
水じょう気の大きなあわ
図

（2） お母さんが話す，④と⑤にあてはまる数字や言葉を，下の □ にそれぞれ書きましょう。

④		⑤	

（3） たろうさんが話す，図のAのところで起きている水のすがたの変化について，<u>水が何から何に変化したのか</u>，<u>なぜ変化したのか</u>，下の □ にそれぞれ書きましょう。

何から何に変化したのか

なぜ変化したのか

お母さん

水は熱しなくても、水面や地面などいろいろなものの表面から、水じょう気となって空気中に出ていくのよ。このことを水のじょう発というのよ。

たろう

「日なたと日かげでは、どちらの方が水がたくさんじょう発するか」について、**実験①**と**実験②**で確かめるよ。

実験①	 空の容器を日なたと日かげの地面にそれぞれふせて数時間置き、水てきがついた容器の重さを比べる。

わたしは、日かげのほうがしめり気があるから、たくさん水がじょう発すると思うわ。だから、**実験①**の水てきがついた容器の重さは、日かげのほうが（　ア　）、**実験②**の残った水の量は、日かげのほうが（　イ　）と思うわ。

さゆり

実験②	水を入れて、水面の位置に印をつけたコップを、日なたと日かげにそれぞれ2日間置き、残った水の量を比べる。

（4）　さゆりさんが話す下線部の予想をもとに、**ア**と**イ**にあてはまる言葉を、下の◯◯◯にそれぞれ書きましょう。

ア		イ	

実験①の結果

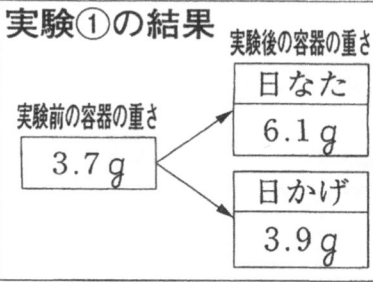

実験前の容器の重さ
3.7g

実験後の容器の重さ

日なた
6.1g

日かげ
3.9g

水てきがついた容器

実験②の結果

日なた　　　　日かげ

（5）　たろうさんが考えた、「日なたと日かげでは、どちらの方が水がたくさんじょう発するか」について、**実験①**と**実験②**の結果から分かることを、下の◯◯◯に書きましょう。

たろう

水がじょう発し続けたら、自然の中の水は、なくなってしまうんじゃないかな。

自然の中の水は、全てじょう発してなくなることはないのよ。右の 資料 から、その理由を考えてごらん。

お母さん

資料　自然の中の水

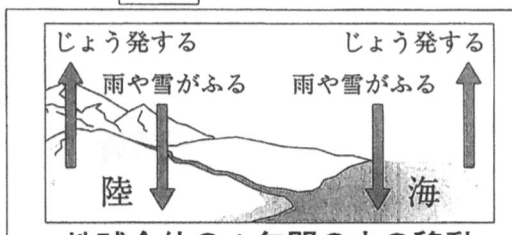

じょう発する　　　　じょう発する
雨や雪がふる　　　　雨や雪がふる
陸　　　　　　　　　　海

地球全体の1年間の水の移動

陸	じょう発する	75兆m³
	雨や雪がふる	115兆m³
海	じょう発する	430兆m³
	雨や雪がふる	390兆m³

【文部科学省ホームページ　科学技術・学術審議会資料より作成】

（6）　自然の中の水がなくならない理由を、 資料 をもとに考え、下の◯◯◯に書きましょう。

4 たけしさんとお父さんは，身の回りの光電池について話しています。

たけし

光電池は，身の回りのいろいろな道具の電源として利用されているね。

それは，光電池にはいろいろな特長があるからだよ。

お父さん

（1）**光電池が使われているもの**を，下の　　　　に2つ書きましょう。また，光電池が，いろいろな道具の電源として利用されている理由として考えられる**光電池の特長**を，下の　　　　に2つ書きましょう。

光電池が使われているもの		
光電池の特長		

お父さん

光電池とよく似ているもので，太陽光発電のパネルがあるよ。それを屋根に取り付けた家が，多く見られるようになったね。

たけし

あれ，同じ向きに取り付けられている太陽光発電のパネルが多いね。パネルの取り付けられている向きは，太陽の方位と関係があるのかな。

太陽光発電のパネルをつけた家

たけしさんは，太陽の方位を知るために，下の**図1**のように，記録用紙にぼうを立て，午前9時，正午，午後3時のかげの位置を調べることにしました。

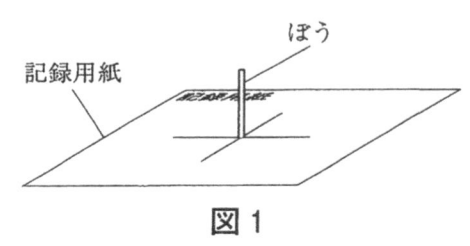
図1

たけし

記録用紙に書く方位を調べるために，方位磁針を手のひらにのせてみたら，**図2**のようにはりが止まったよ。

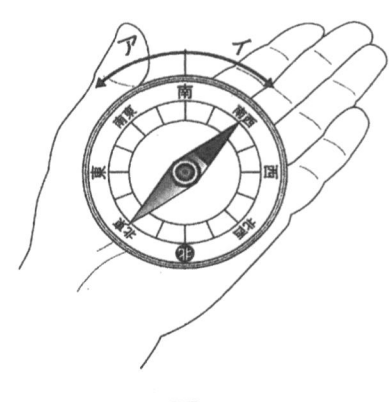
図2

お父さん

方位を正しく調べるためには，方位磁針の文字ばんの（　①　）と，はりの（　②　）を合わせるんだよ。だから，**図2**の方位磁針を（　③　）の向きに（　④　）度回すと，正しい方位が分かるよ。

（2）お父さんが話す，①～④にあてはまる言葉や記号，数字を，下の　　　　にそれぞれ書きましょう。ただし，③には，上の**図2**の**ア**と**イ**から選んで記号を書きましょう。

①		②		③		④	

たけし

記録用紙に正しい方位を書いたよ。ほうのかげの位置を記録して，その時の太陽の方位を調べてみるよ。

　　たけしさんは，**図3**のように置いた記録用紙に，かげの位置を記録しました。また，正午のかげの位置をもとに，正午の太陽が見られる方位に〇をかきました。

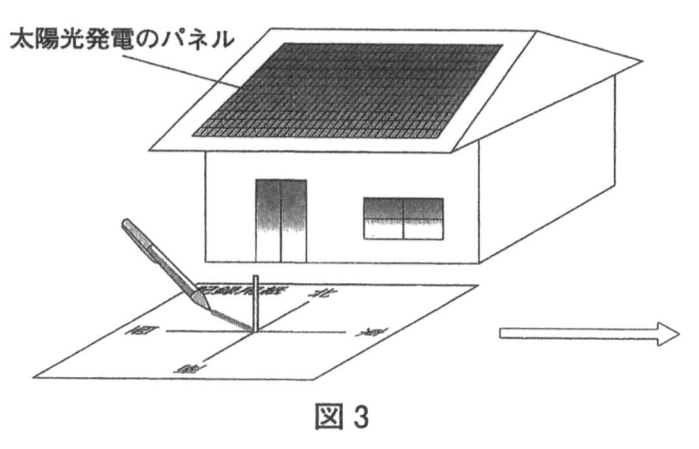

図3

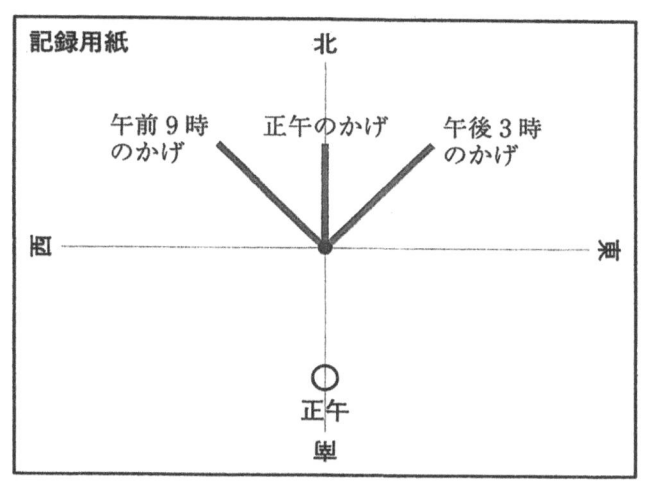

記録用紙

（3）　上の**記録用紙**の，午前9時と午後3時の太陽が見られる方位に〇をかきましょう。また，それぞれの〇が，何時の太陽の方位を表したのか分かるように時こくも書きましょう。

たけし

太陽がどの方位の空を通るか分かったけど，光電池への日光の当たり方で，回路を流れる電流の強さが変わるのかな。光電池や検流計を使って，調べてみよう。

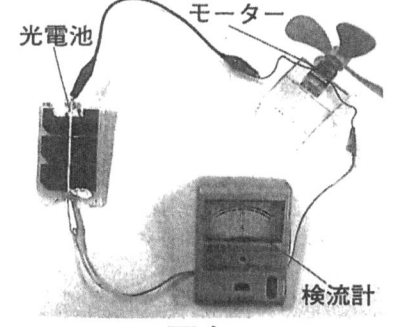

写真

　　たけしさんは，光電池とモーターと検流計を右の**写真**のようにつなぎ，下の**図4**のア〜ウのようにして，それぞれの電流の強さを調べ，結果を**表**にまとめました。

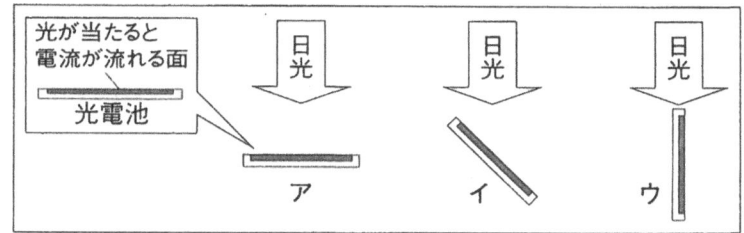

図4

表　図4の実験結果

	ア	イ	ウ
電流の強さ	0.32 A	0.28 A	0.11 A

※「A」は，電流の強さを表す単位

（4）　たけしさんは，同じ向きに取り付けられている太陽光発電のパネルの向きと，その向きに取り付けられている理由を説明しています。下の（　　　）に，あてはまる方位を書き，□□□には，ここまで調べたことをもとに，その理由を書きましょう。

太陽光発電のパネルは，（　　　　）の空に向けて取り付けられているよ。
その理由は，ここまで調べたように，

たけし

からだよ。